EXPERTO EN MÍ

LA ESTRATEGIA PARA DESARROLLAR Y MONETIZAR TU MARCA PERSONAL

JAVIER JAIMES
@javieralaex

EXPERTO EN MÍ

© Javier Jaimes

@javieralaex www.javieralaex.com

Primera edición 2021

ISBN: 978-0-578-96448-5

Producción editorial: Becoming an Influencer Corp.

www. becominganinfluencer.com

A mi esposa Rosiris, quien se empeñó tanto en que escribiera un libro que siento que es más de ella que mío.

A mi mamá, de quien oí en toda mi vida que ser autor era una responsabilidad con la humanidad y no debía tomarse en broma (espero que no se moleste por la irresponsabilidad que cometí).

A mis hijos, por ser mi mayor recompensa y la razón de mi legado.

Y a todos ustedes, por tomarse el tiempo para cumplir sus sueños y dejar su huella al desarrollar su marca personal en este mundo.

CONTENIDO

onozco a Javier desde hace mucho tiempo, mucho antes de que mi Marca Personal fuese una de las marcas referentes en el mundo del emprendimiento. Juntos trabajamos en esos primeros años de construcción de mi marca, donde no había miles de seguidores ni contratos esperando en fila, y lo único que abundaban eran las dudas seguidas por la incertidumbre sobre si lo que estábamos haciendo era correcto o no.

Gracias a haber aplicado sus consejos para crear métodos que realmente funcionen, marcas poderosas y exitosas en todos los espacios donde se presenten, puedo decir que la marca Jürgen Klaric formó unos cimientos sólidos y seguros que me permitieron sortear todas las dificultades que hay que atravesar para conseguir más de 4 millones de seguidores en redes sociales y millones de dólares en facturación bajo el único activo que construimos juntos, mi Nombre.

Estoy seguro que si inviertes en esta información práctica que literalmente está regalando Javier en este libro, tu Marca Personal también tendrá un antes y un después.

JÜRGEN KLARIC

PRESENTACIÓN

Atrás quedaron los tiempos cuando, al momento de echar a andar una idea de negocio, lo primero que cruzaba por la cabeza del emprendedor era reunir los requisitos necesarios para solicitar un préstamo al banco o buscar un inversionista. Hoy el éxito financiero ni siquiera se basa por completo en los productos o servicios que se ofrezcan al mercado, sino que recae en la persona que está al frente de esos productos o servicios.

EN UN MUNDO TAN COMPETITIVO COMO EL ACTUAL Y CON LAS HERRAMIENTAS TECNOLÓGICAS A DISPOSICIÓN DE TODOS, **LA LLAVE DEL ÉXITO ESTÁ EN TI, EN TU MARCA PERSONAL: TÚ ERES TU CAPITAL MÁS VALIOSO.**

Los beneficios que otorga una Marca Personal a mí me fueron de gran utilidad cuando, hace poco más de 4 años, constituí en Miami, Florida, la Asociación Latinoamericana de Expositores (ALAEX), con el propósito de replicar la experiencia de las grandes asociaciones de speakers en inglés en USA en modelos similares para Latinoamérica. Desde ese día, he aprendido muchísimo de este país que me abrió las puertas, permitiéndome tocar cientos de vidas.

En mis años de experiencia asesorando clientes de diversos sectores, tamaños y estilos, he descubierto que no es la falta de motivación o de talento lo que lleva a que muchas personas se encojan de hombros y se resignen a sobrellevar una vida muy por debajo de sus expectativas. No. El verdadero responsable del conformismo es la falta de información sobre cómo encauzar positivamente el propósito de vida.

CON ESTE LIBRO ASPIRO A BRINDARTE LAS HERRAMIENTAS DE CONOCIMIENTO QUE TE AYUDEN A RECONOCER EL POTENCIAL QUE HAY EN TI Y, A PARTIR DE ALLÍ, **CREAR, DESARROLLAR Y DIFUNDIR UNA MARCA PERSONAL QUE, FINALMENTE, SE CONVIERTA EN FUENTE DE PROSPERIDAD, SATISFACCIÓN Y PROGRESO.**

¿Por qué el título **Experto en mí**? Porque tienes que convertirte en el primer conocedor de ese capital que está en ti para crear y capitalizar tu propio sello. Dividido en dos grandes bloques, a la primera sección del libro me gusta llamarla *piel adentro* porque se enfoca en desarrollar los elementos internos de la personalidad, y en ella aprenderás a descubrir el propósito de vida que te hace único, así como los talentos para plasmar ese propósito porque, como bien lo dijo el legendario humorista Charles Chaplin, "No se mide el valor de un hombre por sus ropas o por los bienes que exhibe".

Al segundo segmento lo denomino *piel afuera*, y profundiza en los elementos externos, tales como la categoría o espacio del mercado donde triunfar, cómo identificar el target del que forma parte tu clientela, la formación de las identidades de tu Marca Personal y, entre muchos aspectos más, cómo crear, lanzar y promocionar un producto rentable a partir de tu marca. Conocer muy bien un grupo de personas, resolverles algún problema mediante tu producto y alcanzar la prosperidad económica al final del proceso, será el exitoso desenlace de tu Marca Personal.

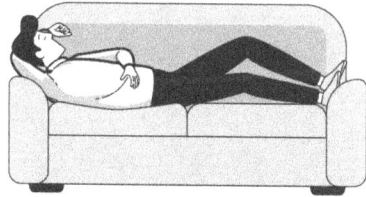

Ahora te preguntarás, ¿a quién va dirigido este libro?

- A cualquier persona que busque descubrirse y definir un propósito consciente.
- A quienes deseen encontrar una forma de vivir de su talento.

¿A quién no está dirigido?

- Quienes no manejen un producto, servicio o causa, ni desean hacerlo.
- Quienes no estén interesados en dejar un legado en el mundo.
- Aquellas personas que no necesitan expresar su propia identidad.

Para alcanzar la vida que siempre deseaste, lo importante es que tomes la decisión de lograrla, no importa la fecha o el día, si es lunes o sábado, tu edad, color de piel, sexo o si cuentas con limitados recursos financieros para arrancar. Ya tienes un extraordinario punto de partida: tú mismo. ¡Ahora toca tomar acciones que te conduzcan a explotar todo el potencial que hay en ti!

Y ya tener este libro entre tus manos es el comienzo del camino que, te lo aseguro, te llevará a la plenitud personal y la prosperidad financiera que siempre anhelaste.

Javier Jaimes
@javieralaex

JAVIER JAIMES

TU MEJOR NEGOCIO ERES TU

CONOCE LAS NOCIONES SOBRE QUÉ ES UNA MARCA PERSONAL, Y LOS PRINCIPALES BENEFICIOS DE DESARROLLAR UNA PODEROSA PERCEPCIÓN DE TI

E s jueves. Frente al volante del auto camino a su trabajo, Jorge Luis mira su cara reflejada en el espejo retrovisor mientras espera que la luz del semáforo cambie de rojo a verde. Como ya es costumbre desde hace algún tiempo, durante esos breves momentos en que su mente no está concentrada en asuntos de trabajo, sus pensamientos echan a volar sin rumbo fijo, hasta que finalmente sus ideas terminan dando un rápido repaso a su vida. Y no le gusta el resultado.

Ya perdió la cuenta de las mañanas como esa en que, ya sea bajo la ducha o antes de ser atendido por la cajera del automercado, se cuestiona por qué sigue trabajando en esa empresa en la que lleva varios años, pese a que en un principio sería solo un empleo temporal. Con un título universitario de Psicología colgado en la pared de su casa, su ineficiente manejo de las finanzas lo llevó a someterse a una asfixiante rutina laboral en un banco para resolver las necesidades del día a día, desde la puntual llegada de las cuentas por pagar al buzón del correo, cuotas de la hipoteca de la casa y las del auto, hasta el pago de la matrícula escolar de sus dos hijos ahora adolescentes.

Trata de ser optimista y pone en la balanza aquellas recompensas que lo mantienen postrado en la resignación: "El salario no está mal, la empresa ofrece algunos beneficios contractuales ¡y hasta seguro dental para mí y mi familia!". Pero este pensamiento no lo reconforta del todo, y una parte de él se niega a conformarse pues sabe que dentro de sí guarda el potencial suficiente para alcanzar un mejor porvenir. Ansía vivir sus días en una actividad en la que se sienta pleno y que -¡no faltaba más!- le ofrezca la calidad de vida que siempre deseó para él y los suyos.

HACE MUCHO ENTENDIÓ QUE CON SU ACTUAL TRABAJO NUNCA LO LOGRARÁ, Y SE ACUSA A SÍ MISMO POR EL MOMENTO CUANDO DECIDIÓ CEDER, **DEJAR A UN LADO SU GENUINO PROPÓSITO DE VIDA PARA CUMPLIR CON LAS RESPONSABILIDADES DEL DÍA A DÍA.**

Detenido frente al semáforo, se siente perdido y sin porvenir, como un hámster atrapado en una rueda que le impide entender que hay un propósito mayor, otra realidad a la altura de sus expectativas. De seguir atado la misma rutina, intuye que se apagará definitivamente aquel fuego interno que muchos admiraron en él cuando era un poco más joven.

Está frente a una encrucijada. Y lo sabe. Detenido ante aquel semáforo, a una manzana antes de llegar a su trabajo, reconoce que ahora o nunca deberá tomar una decisión de vida: cruzar a la izquierda, empujado por la inercia del día a día, o virar hacia la dirección opuesta y explorar las muchas posibilidades que le ofrece el mundo.

Lo piensa un momento, no más de un segundo, aunque ese segundo es la suma de cientos de frustraciones que ha venido meditando por mucho tiempo. A punto de dar sobre el volante el giro definitivo de su destino, sus manos se detienen de inmediato, paralizadas ante los muchos riesgos que acarrearía un cambio de vida tan radical, un salto al vacío del que quizá no haya vuelta atrás.

EL RESPONSABLE DE TU ÉXITO ERES TÚ

Como le ocurre a millones de personas entre las que quizá te encuentres tú también, el temor que acecha a Jorge Luis le ha impedido tomar las riendas de su vida y dar el primer paso liberador. Y no es para menos: el temor al riesgo nace de la falta de respuesta a muchas preguntas fundamentales: ¿cuál es mi propósito de vida?, ¿con cuáles talentos cuento para conseguir la existencia a la que siempre aspiré?, ¿qué personas podrían estar interesadas en lo que yo tenga que ofrecerles?, ¿cómo dar a conocer mi aporte al mundo?, ¿cómo convertir en dinero mis habilidades y vivir holgadamente de ellas?

AL DESCUBRIR Y EXPLORAR LAS HABILIDADES QUE HAY EN TI PODRÁS APORTAR DESDE UN ESPACIO ÚNICO. O COMO LO DIJO LA ESCRITORA MARY ANN EVANS: **"NUNCA ES DEMASIADO TARDE PARA SER LO QUE PODRÍAS HABER SIDO".**

A muchas de estas personas, asediadas por los temores, lo que les falta es descubrir ese "en qué puedo ser el mejor o convertirme en referente". Aunque tú no lo creas, pudieras mantener escondida en tu esencia como individuo una Marca Personal poderosa, pero quizá te falte manejar la información necesaria que te haga consciente de ella y cómo capitalizarla. Te pongo un ejemplo: si eres un profesor universitario y vas haciendo carrera dentro de ese mundo académico hasta llegar a, digamos, ser director de escuela, decano o rector, tienes una Marca Personal muy fuerte. Lo importante es que todo el mundo te reconozca por tu nombre.

Atrás quedaron los tiempos en que el mayor logro profesional radicaba en hacer carrera dentro de una empresa reconocida, quizá una compañía o corporación transnacional, como si hasta allí llegaran los límites del cielo. Hoy esa situación ha cambiado radicalmente, y aunque no niego que formar parte de una gran organización abre muchas puertas, en paralelo se abre un camino que brinda muchas satisfacciones durante su recorrido: el de la propia persona. Tú eres tu mayor recurso, el prestigio de tu firma es tu patrimonio más valioso.

> TÚ ERES EL MEJOR NEGOCIO EN EL QUE HOY PUEDES INVERTIR Y **LA MARCA PERSONAL SERÁ TU PRINCIPAL ACTIVO,** UN COMPROMISO INTENCIONAL A PARTIR DE TUS TALENTOS, TU PASIÓN Y TU FORMA DE VER EL MUNDO.

PERO... ¿QUÉ ES UNA MARCA PERSONAL?

Mucho ha cambiado desde que la frase *personal branding* (gestión de Marca Personal) fue escrita por primera vez. Era la década de los 90 y el experto en estrategia de marketing Tom Peters la utilizó en un artículo de la revista Fast Company titulado The Brand Called You, para comparar la reputación de las personas con la de las empresas.

El término acuñado por Peters fue retomado años después por el especialista en desarrollo de marca español Andrés Pérez Ortega, quien escribió en nuestro idioma los primeros libros sobre los métodos prácticos para la construcción de una Marca Personal. Aquellas teorías iniciales evolucionaron drásticamente con la entrada de un nuevo jugador a nuestras vidas, el Internet, que vino de la mano de la revolución de las redes sociales y el contacto personal a través de los medios digitales, y ya no exclusivamente de manera física, como se venía haciendo durante tantos siglos.

Ahora, ¿qué entiendo yo por Marca Personal? Esta es mi definición:

Es la PERCEPCIÓN amplificada de tus TALENTOS, dirigida a un GRUPO SIMILAR DE PERSONAS, distribuida por distintos CANALES, con la INTENCIÓN de vender un producto, servicio o causa.

Esta definición echa por tierra prácticas que hasta hace poco eran tomadas como la meca de la Marca Personal, como el caso del currículum con el "que los profesionales trataban de encajar en estructuras rígidas. Las reglas están cambiando y un profesional es una empresa unipersonal que ofrece sus servicios a otras empresas", dice Andrés Pérez Ortega en su libro Marca Personal.

Para este especialista, la Marca Personal es un concepto que trata de recuperar el valor de las personas y de su trabajo en un momento en el que los profesionales se han convertido en commodities, en marcas blancas, sustituibles, baratas e indistinguibles. La Marca Personal "no quiere convertir a las personas en objetos, sino recuperar su singularidad, aquello que las diferencia y las hace valiosas. No quiere reducir a los profesionales a un job description o a un puñado de competencias. Lo que pretende es la liberación del talento en lugar de la retención".

Soy un convecido de que la Marca Personal es un modo de vida segun tus propios terminos y principios, una manera de asumir las rienda de tu existencia. De allí que a lo largo de este libro iremos desglosando una a una las palabras principales que forman parte de mi definición de Marca Personal:

- Percepción.
- Talento.
- Target o grupo similar de personas.
- Canales.
- Intención de vender un producto, servicio o causa.

No nace, se hace

Muchas personas piensan que la Marca Personal nace con ellas, que es innata. No lo creo así: la Marca Personal es un proceso de creación. Lo que viene contigo al momento de nacer es la identidad del ser humano y lo relacionado con el género, pero la Marca Personal es un camino de definición, gestación y desarrollo. Como lo afirmó el dramaturgo, crítico y polemista irlandés George Bernard Shaw: "La vida no se trata de encontrarte a ti mismo. La vida es sobre crearte a ti mismo".

Marca Personal es, en esencia, aquello que el público piensa que sabe acerca de ti, desde lo físico (si viene dentro de una caja azul o es grande o pequeño) y emocional (por ejemplo, si es una marca aventurera o sobria).

Estas ideas las iré desarrollando a lo largo del libro; por los momentos, es necesario entender que el todo es más importante que la suma de sus partes: se le da mucha importancia a creer que las partes son el todo, como si solo las redes sociales, el logotipo o la web sean por sí solas la Marca Personal. Ese tipo de pensamiento es muy natural y proviene de la corriente cartesiana lógica que busca separar el todo en las partes que lo integran para comprenderlo mejor. Pero en este caso no es así. La Marca Personal es la mezcla coherente de una serie de elementos que iremos conociendo en las siguientes páginas.

Muchos creen que haciéndose un logo y poniéndolo en sus redes sociales ya crearon su Marca Personal. Y eso no es Marca Personal, es mucho más.

UNA BUENA MARCA PERSONAL ES MÁS QUE SUS PARTES, MÁS QUE SUS COLORES, SUS FOTOS, O SU WEB, PERO **NUNCA SERÁ MÁS QUE TU PROPÓSITO: SI TU PROPÓSITO ESTÁ BIEN DEFINIDO, TU MARCA PERSONAL SERÁ SÓLIDA**

BENEFICIOS: MITOS Y VERDADES

Son muchas las ventajas que obtendrás si te decides a recorrer el maravilloso camino de crear una Marca Personal poderosa, así podrás:

- Diferenciarte de la competencia.
- Lograr mayor visibilidad, logrando mejores oportunidades de negocio.
- Desarrollar tu imagen profesional y personal.

- Posicionarte en el mercado.
- Aumentar las ventas del producto o servicio asociado a tu marca.
- Y, sobre todo, ser y hacer lo que realmente te hace feliz.

No obstante, estos beneficios no se logran de la noche a la mañana. No es que un día publicas un par de post en Facebook, y ya puedes asegurar que te diferencias de la competencia o te has posicionado mejor en el mercado ¡Nada que ver! Estos beneficios de los que te hablo se logran ya cuando la Marca Personal está madura, lo que depende de muchos factores como el tiempo, la disciplina y estar claro en tus objetivos.

De allí que quisiera aclararte algunos mitos que muchas personas creen ingenuamente que lograrán una vez que empiezan a trabajar su Marca Personal:

MITOS	VERDADES
"Seré un influencer de la noche a la mañana" Las redes sociales no solo son el resultado de un buen trabajo de Marca Personal. Hace falta disciplina, técnica, mucha frecuencia, y contenidos de valor que respondan a las necesidades de tu audiencia.	**Aumentan tus relaciones** ¡Por supuesto! Tu nivel de relaciones cambia drásticamente, las personas se te acercan más, y contarás con mayores oportunidades de negocio.

"Seré mejor persona"

Sí y no: la Marca Personal es una amplificación de lo que eres o quieras ser. Si eres buena persona, podrás hacer con tu reputación mucho bien en este mundo.

"Seré millonario"

Podría ser cierto, pero jamás será de la noche a la mañana. Y no solo hablamos en términos económicos, sino de tiempo en crear y expandir tu Marca Personal.

"Ya puedo renunciar a mi empleo"

No creas que porque en un mes subiste 1000 seguidores en tu red social, ahora puedes ir al departamento de Recursos Humanos de tu empresa e introducir la renuncia. Puedes crear una excelente Marca Personal siendo empleado, con lo que cosecharás mejores oportunidades.

Mejora tu autoestima

Tu autoimagen y tu autoconcepto mejorarán, te sentirás más seguro y empoderado, con lo que aumenta tu confianza en ti mismo y una mejor actitud.

Tendré más oportunidades

¡Por supuesto! El ser reconocido te abrirá muchas puertas en tu nicho. Recuerda que vivimos en una época donde la reputación lo es (casi) todo.

Lograrás autonomía económica

La disciplina y constancia llevarán tus talentos al próximo nivel. Soy un fiel creyente de que el desarrollo de una Marca Personal es mucho más efectivo que cualquier otro medio; sin embargo, como todo en la vida que vale la pena, el esfuerzo será el secreto.

¿Rápida o lenta?

¿A qué velocidad se da el proceso de percepción de una Marca Personal? Hay dos velocidades: rápida y lenta.

Rápida: si te menciono las palabras "ciencia" y "Einstein", tu cerebro hace la conexión en un tris, porque de inmediato vinculamos a este científico con la teoría de la relatividad, la física y demás conceptos científicos. Es decir, su Marca Personal está profundamente arraigada en este campo.

Lenta: pero si te menciono las palabras "ciencia" y "Kardashian", tu cerebro sufre una especie de cortocircuito, un desajuste que le impide conectar de inmediato ambos términos porque los valores asociados a las Kardashian no se relacionan con la ciencia. Los atributos, las consecuencias y la conceptualización de "ciencia" buscan tener un hilo conductor con los atributos, las consecuencias y la conceptualización de las Kardashian, pero no lo encuentran. Ahora, cuando creas una Marca Personal, deseas que la velocidad de conexión sea inmediata pues mientras más rápida sea esa relación, más potente será la marca como tal.

Para desarrollar una Marca Personal poderosa deberás poner en práctica todos estos aspectos, y manejar la información adecuada como primer paso para salir fuera de tu zona de confort y vencer los temores que esperan una vez cruzadas las fronteras de la rutina, como en el caso de nuestro amigo Jorge Luis, aún paralizado por las dudas frente a un semáforo.

Y es que no está mal sentir temor. El peligro radica en inmovilizarse ante lo desconocido. Como lo afirmó el poeta y soldado español Alonso de Ercilla y Zúñiga, "El miedo es natural en el prudente, y el saberlo vencer es ser valiente". Ya con haber llegado hasta esta página ¡has empezado a conocer las armas necesarias para vencer el desconocimiento! Y tomar en tus manos el destino que deseaste desde hace tanto tiempo.

Ante la encrucijada de seguir la misma rutina de siempre, o dar un giro inesperado a su existencia que lo conducirá a un mundo lleno de riesgos y equivocaciones, pero también repleto de descubrimientos y satisfacciones, ¡Jorge Luis gira el volante hacia un nuevo porvenir!, decisión que también te invito tomar a ti porque Jorge Luis eres tú, ya sea atado a un trabajo insatisfactorio o a punto de terminar tus estudios sin tener muy claro el horizonte que se abre ante ti. Puede que quizás disfrutes lo que haces, pero económicamente no te resulta rentable, o ves cómo personas que realizan tu misma actividad cosechan triunfos mientras tú permaneces agobiado por un sentimiento de atascamiento y postración.

HAGAMOS NUESTRA LA PODEROSA FRASE FORMULADA POR EL MISMÍSIMO BEETHOVEN: "ME APODERARÉ DEL DESTINO AGARRÁNDOLO POR EL CUELLO. NO ME DOMINARÁ".

Te reitero mi invitación a que le des un giro al volante de tu destino y te enrumbes por la senda que siempre has deseado recorrer.

Un repentino subidón de adrenalina te llenará de entusiasmo al tomar el camino indicado, por un instante sentirás el vértigo al sentir romper tus ataduras y tambalear por la falta de sus falsas muletas, pero con la convicción y la fuerza de visualizar (que es muy distinto a fantasear) un nuevo horizonte que se abre ante ti. Como Jorge Luis, nada ni nadie te impedirán lograr la vida que siempre deseaste. Te sentirás poderoso.

En medio de tanta euforia y cuando aún no has avanzado un par de metros de tu nuevo y flamante recorrido, eres asaltado por una pregunta que te congela el corazón:

"Y ahora... ¿qué hago? ¿Por dónde comienzo?".

¡Te invito a seguir hasta las siguientes páginas y conocer la respuesta que necesitas!.

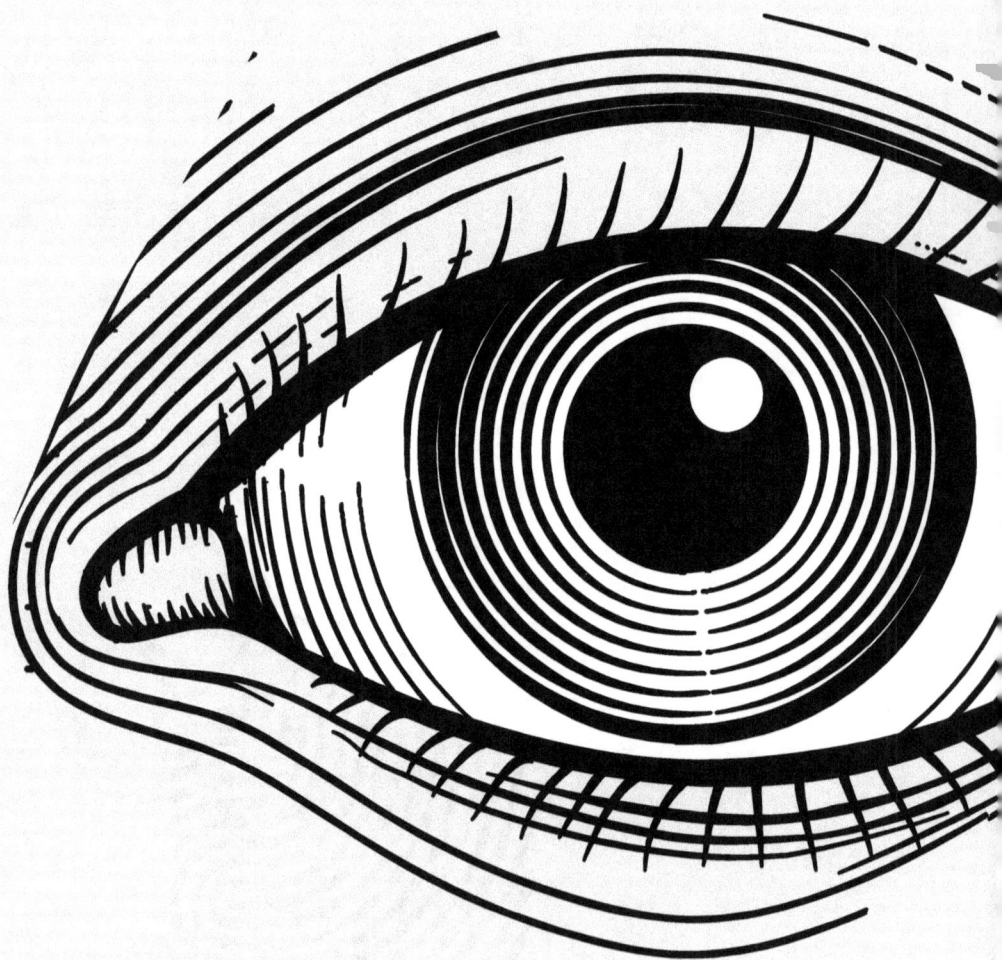

CREA LA PERCEPCIÓN QUE DESEAS

LA MARCA PERSONAL NO ERES TÚ: ES LO QUE LA GENTE PERCIBE DE TI. APRENDE LOS PRIMEROS PASOS PARA CONSTRUIR LA PERCEPCIÓN IDEAL

"Y ahora... ¿qué hago?".

Esa pregunta asalta los pensamientos de Jorge Luis luego de girar el volante de su auto para transitar un camino desconocido. Esa duda define el vértigo que produce entrar en una zona inexplorada. Es la misma sensación que sufren aquellas personas con el talento y las ganas para forjarse un mejor porvenir... pero que no saben por dónde comenzar, qué peldaño pisar primero para escalar hacia la cima de su vida.

Muchas son las vías posibles para un conductor sin rumbo definido: hay calles que lo conducirán a producir el primer producto que se le cruza por la cabeza, ya sea porque ese sector está de moda o tiene cierta experiencia en él, aunque no haya comprobado en la práctica la rentabilidad de ese mercado.

Quizá se conduzca de inmediato a visitar un amigo diseñador gráfico para que le cree un bonito logotipo con sus colores favoritos; o tal vez se dirija a casa para abrirse un perfil comercial en las redes sociales sin tener muy claro qué publicar allí.

CON SOLO ABRIR UN PERFIL EMPRESARIAL EN INSTAGRAM O CONVERTIR A BUSINESS SU CUENTA DE WHATSAPP, **¡YA MUCHOS SE CREEN EMPRESARIOS!**

El propósito de este capítulo es servir de GPS o mapa con el que recorrer el camino correcto, y superar el estado de incertidumbre que produce esa terrible pregunta "Y ahora... ¿qué hago?". En este punto, el conocimiento es clave porque, sin él, podrías permanecer paralizado o tomar un rumbo equivocado. Eso sí, desde ya te advierto que, sea cual sea el camino que elijas, al momento de crear y desarrollar tu Marca Personal no hay atajos ni caminos sin baches ni obstáculos.

SURGE DE LA PERCEPCIÓN

El creador de Amazon, Jeff Bezos, comentó en una oportunidad que "tu marca es lo que la gente dice de ti cuando tú no estás en la habitación". Aunque no se refería específicamente a la Marca Personal, a mí este concepto me encanta porque es lo más cercano a lo que ocurre en cualquier marca, especialmente la personal: es lo que se rumora de ti, lo que está en la boca de los demás durante la cena o un encuentro entre amigos.

Pero ese "rumor" sobre tu persona no nace por generación espontánea ni viene de la nada. No. La Marca Personal surge de la percepción, palabra que proviene del término latino perceptio y se refiere al uso de los cinco sentidos para recibir la información del entorno, y luego procesar e interpretar mentalmente esa información.

En cuanto a la Marca Personal se refiere, la percepción termina siendo la conclusión de lo que la gente siente, ve u oye de ti. Por eso la Marca Personal no eres tú: es el marco mental que la gente se ha formado de ti. De allí que no la podamos controlar por completo, pero sí enviar a la audiencia los códigos intencionales correctos para que piense de ti lo que tú deseas.

Quien eres   Como te ven

EN TÉRMINOS DE PERCEPCIÓN, LA MARCA PERSONAL ES **UNA CONVERSACIÓN DIRIGIDA QUE SALE DE TI** Y QUE DEBE TENERTE A TI COMO FUENTE PRINCIPAL.

Es importante que sepas que la Marca Personal es el espacio compartido entre tú y quienes te perciben -ya sean seguidores en redes sociales, clientes, empleados, prospectos, etc.- y que mantengan un vínculo contigo. A esas otras personas las llamaré Ellos, tal como lo explico en la siguiente infografía:

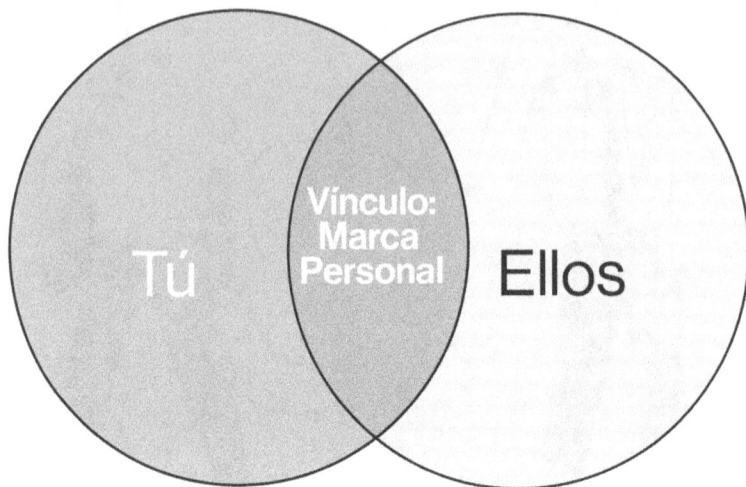

Ese espacio o vínculo que se forma entre tú y la percepción que tienen de ti, es tu Marca Personal. ¿Cuándo tienes una Marca Personal muy poderosa? Cuando tu círculo presenta mucha intersección con el círculo de Ellos, es decir, cuando tienes una gran presencia en la vida de los demás. Te lo explico en este par de imágenes:

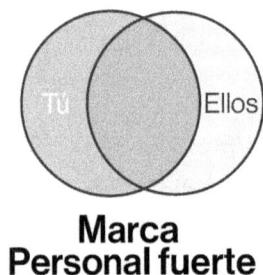

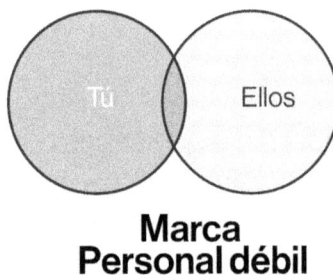

Marca Personal fuerte

Marca Personal débil

Ahora, ¿cómo se crea esa percepción? Te paso a explicar los principales elementos que construyen una Marca Personal. Veamos:

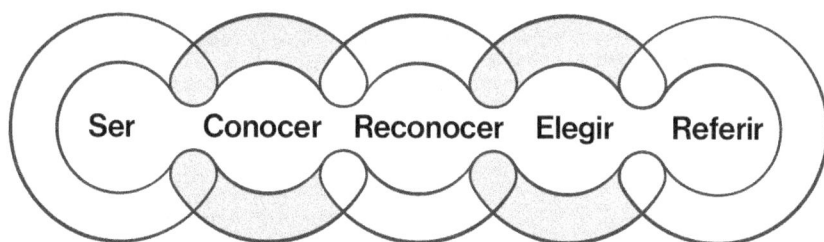

Ser · Conocer · Reconocer · Elegir · Referir

SER: PROPÓSITO

El temor y la incertidumbre de Jorge Luis responden en parte a la falta de claridad sobre su propósito de vida. Por años ha invertido sus horas productivas en ser el proveedor de su familia, un objetivo estupendo, no faltaba más, pero aún no ha encontrado esa razón que lo haga saltar de la cama cada mañana para dar lo mejor de sí. Se ha conformado con sobrevivir, no con vivir.

En su juventud, Jorge Luis quiso ser comerciante y emprender su propio negocio, pero nunca encontró (es más, ¡ni se preocupó en buscarlo!) un lugar donde desarrollar sus sueños. Luego de contraer matrimonio y con las responsabilidades materiales que vinieron tras la llegada de su primer hijo, colgó en una pared su título universitario como psicólogo y se empleó en un banco que le ofrecía cierta estabilidad económica, pero nunca la satisfacción financiera y personal que siempre ambicionó. Tal vez ese es el origen de su actual frustración.

VIVIMOS EN TIEMPOS DE SER, DE MANTENER LA AUTENTICIDAD EN LA PERCEPCIÓN EN LOS DEMÁS EN LO QUE ERES. SIN EMBARGO, **MUCHOS NO TIENEN DEFINIDO SU PROPÓSITO DE VIDA Y CARECEN DE UNA RUTA CLARA.**

En principio, el propósito es aquello que da sentido a la vida, lo que te empuja a enfrentar el mundo con entusiasmo y pasión. También se refiere a la huella o legado que quieres dejar y que te gustaría que la gente recordara de ti. Como lo define Stephen R. Covey en su libro Los siete hábitos de la gente altamente efectiva, el propósito es "empezar con un fin en mente, y hacer que cada día contribuya de un modo significativo a la visión que tienes de tu vida como un todo".

Sin propósito, caminarás a ciegas o, peor aun, no te atreverás a dar el primer paso pues no tienes un destino hacia dónde ir; además que una buena percepción de tu Marca Personal se crea más rápida y efectivamente cuando existe un propósito claro de vida porque una marca que no arranque desde el ser, no tiene sentido ni mucho menos posibilidades de triunfar. Tan importante es este punto que en el tercer capítulo del libro profundizaré en el tema.

CONOCER: MARKETING

Sería estupendo haber cumplido con el paso anterior y tener claro tu propósito de vida, eso sería más que suficiente para muchas personas, pero recuerda que hablamos de Marca Personal y, una vez descubierto tu propósito, la siguiente etapa es darlo a conocer y cautivar a tu audiencia a partir de tu propósito y de lo que eres.

Para lograr este objetivo debemos echar mano de las herramientas que nos brinda el marketing porque, como reza la popular frase, "Lo que no se ve, no se vende". O como ya lo dijo el cineasta Woody Allen: "El 80 % del éxito es mostrarse". A grandes rasgos, el marketing es el conjunto de técnicas que buscan mejorar la comercialización de un producto o servicio, es decir, procura, en última instancia, hacerlo rentable.

Pero el marketing no es solo mandarse a diseñar un logotipo bonito o publicar dos veces al día en las redes sociales; el marketing es un proceso integral que incluye desde la calidad de un producto o servicio, el establecimiento de puntos de venta o distribución, hasta la fijación de un precio atractivo, más las técnicas de promoción para dar a conocer tu marca y establecerla como la favorita en la mente de tus consumidores.

EL MARKETING BUSCA IDENTIFICAR LO QUE LAS PERSONAS QUIEREN O DESEAN Y, A PARTIR DE ALLÍ, DESARROLLAR UN PRODUCTO O SERVICIO. ES DECIR, **EL MARKETING EXAMINA LAS NECESIDADES DEL CONSUMIDOR PARA LUEGO SATISFACERLAS.**

La idea de este libro no es convertirte en un experto en marketing ni que mañana montes tu propia agencia de social media, pero sí que manejes las nociones necesarias para potenciar tu Marca Personal y logres más clientes, mayores ventas y, como consecuencia, jugosos dividendos.

RECONOCER: BRANDING

Una vez que hayas definido tu propósito y crees una estrategia de visibilidad ante tu audiencia mediante el marketing, el próximo paso es hacer que la gente te identifique y converse sobre ti. De eso trata el branding: definir y construir tu marca mediante la gestión de elementos gráficos, comunicacionales y de posicionamiento, con el propósito de difundir una promesa de valor. Muy relacionado con el marketing, el branding crea y desarrolla los elementos que forman parte de tu Marca Personal, como lo son el nombre, la identidad, el posicionamiento y la lealtad de la marca.

Esta conversación que genera el branding a tu alrededor va desde que la gente elija tu producto o servicio, hasta recomendarlo a terceros, en caso de ser positiva esa percepción. No obstante, si el reconocimiento es negativo, ocurrirá que tu audiencia señale tus aspectos negativos –o, al menos, aquellos que hayan percibidos como tales- y es cuando se entra en una crisis de marca.

ELEGIR: VENTAS

La Marca Personal no es publicar un post en Instagram porque paseas por el parque y se te ocurrió tomarte una selfi teniendo de fondo la fuente de agua. No. La Marca Personal parte de una intención. Sin darle más vueltas, esa intención es vender.

Luego de que te conozcan y te reconozcan, el siguiente paso es que te elijan y "te compren" a través de tu producto o servicio, etapa en la que ya estarás monetizando tu Marca Personal. De allí la importancia de conocer cómo eligen las personas y por qué la gente compra una marca y no otra. Eso lo conocerás páginas más adelante, pero desde ahora te adelanto que todo comienza en el cerebro, el responsable de manera inconsciente o subconsciente de nuestras decisiones de compra.

CUANDO COMIENZAS A ENTENDER CÓMO FUNCIONA EL CEREBRO, COMPRENDES CÓMO LAS PERSONAS TOMAN SUS DECISIONES DE COMPRA, QUE **NO SIEMPRE SON TAN RACIONALES COMO PENSARÍAMOS EN UN PRINCIPIO.**

REFERIR: SERVICIO

El proceso de creación y desarrollo de una Marca Personal potente no termina una vez que el cliente ha pagado en la caja: el servicio postventa o atención al cliente es fundamental para que nuestra Marca Personal no sea flor de un día.

ATENCIÓN AL CLIENTE O ATC SE REFIERE AL SERVICIO QUE PRESTAN **TANTO LAS MARCAS CORPORATIVAS COMO LAS PERSONALES** CUANDO LOS CLIENTES MANIFIESTAN SUS RECLAMOS, SUGERENCIAS, O SOLICITAN SERVICIO TÉCNICO.

El éxito de una Marca Personal depende de la solución de inquietudes de sus clientes: si tu producto o servicio no satisface a posteriori aquellas necesidades o demandas planteadas por tus consumidores, la vida de tu Marca Personal será muy corta.

Errores como un servicio poco profesional e impuntual, falta de respuestas a las inquietudes, así como la indiferencia y el trato descortés y maleducado, pueden romper los lazos de confianza que el cliente y la marca han venido construyendo desde que se encontraron, lo que arruinará por completo el proceso de fidelización del cliente y, por supuesto, la recomendación de marca. Así, ¡toda posibilidad de escalar tu negocio habrá sido tirada al piso de una patada!

AVANZA DE UNA FASE A OTRA

Ya en las páginas anteriores te hablé sobre los pasos que crean la percepción de las personas alrededor de tu Marca Personal. Te las recuerdo en las siguientes líneas pues las iremos desarrollando a lo largo del libro:

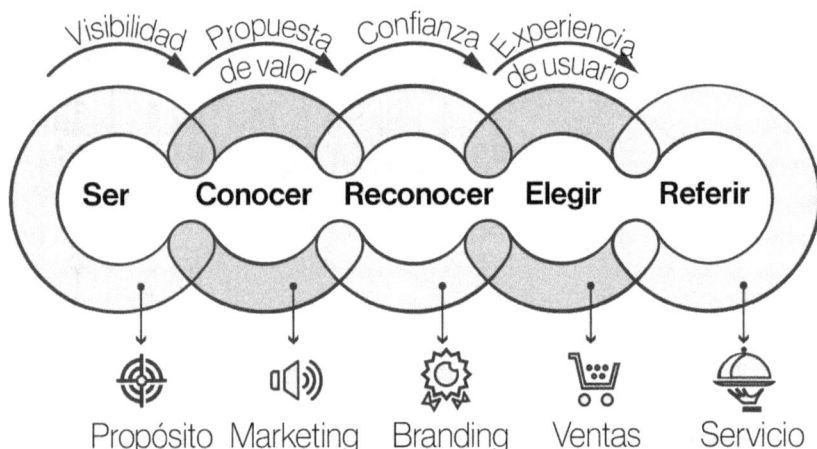

Ahora la gran pregunta: ¿cómo se van encadenando estos elementos? ¿Cuáles acciones tomar para pasar de un punto a otro? ¿Cómo avanzar desde el descubrimiento de tu propósito, hasta darte a conocer, ser una elección de compra y, finalmente, fidelizar a tus clientes? Para lograr este progreso de una fase a otra, desglosemos en la siguiente infografía cada una de las etapas que forman parte del camino por el que debemos avanzar:

Del ser al darte a conocer: visibilidad

Muchos emprendedores temen dar a conocer sus estrategias de negocio porque creen que el negocio es su Marca Personal, que su marca es lo que ellos hacen, pero resulta que son dos conceptos absolutamente diferentes: la Marca Personal se basa en ti. Y tú eres irrepetible, único. Cuando eres único, eres absolutamente diferenciable del resto de la competencia o de quienes busquen imitarte.

El experto en negocios Frank Kern es el creador de Behavioral Dynamic Response, un método de marketing automatizado que acelera su ciclo de ventas al personalizar sus mensajes de marketing en función del comportamiento de su cliente potencial. Kern afirma que "mucha gente puede copiar tus palabras en un anuncio, las imágenes e incluso la estrategia que hay detrás, pero nadie te puede copiar a ti ni a la relación y el vínculo con tus clientes y prospectos, porque esa es la percepción de tu propósito".

CUANDO TE HACES VISIBLE, LA GENTE EMPIEZA A **SABER QUE EXISTES Y A HABLAR DE TI.**

Para comenzar a construir una buena percepción de tu Marca Personal, debes conocer cuáles son los valores mínimos que crean la percepción sobre ti. Por ello te invito a responder las siguientes preguntas y conocer tus mínimos perceptivos al momento de buscar visibilidad:

Mínimos racionales

- ¿Cuál es mi historia?
- ¿Qué sé hacer?
- ¿Con quién me puedo comparar?
- ¿Qué me hace competitivo?

Mínimos emocionales

- ¿Qué puedo hacer por mi cliente?
- ¿Qué va a cambiar en su vida si me contrata o compra mi producto?
- ¿Está su historia conectada con la mía?

Mínimos culturales

- ¿Qué cambio en el contexto social de mis clientes?
- ¿Qué posición en la escalera de aprobación brinda mi producto?

Mínimos instintivos

- ¿Qué nunca va a pasar mientras estés a mi lado?
- ¿Qué necesidades puedo cubrir?
- ¿Qué ventaja ofrezco sobre otras opciones?
- ¿Cómo puedo permanecer a largo plazo en la vida de mis clientes?
- ¿Cómo puedo anticipar para mejorar su camino y evitarle riesgos?

MÁRCATE
Identifica lo que te hace único

Toma lápiz y papel, o abre un archivo en tu ordenador, y escribe las cinco características más resaltantes de tu personalidad, ya sea excelente conversador u oyente, bromista o muy reflexivo. En este punto no buscamos identificar tus talentos y destrezas, sino aquellos rasgos de tu personalidad que le den un sello distintivo a los productos o servicios que desarrollarás más adelante.

Del darte a conocer a ser reconocido: oferta de valor única

Cuando hablo de valor no me refiero a ser valiente ni osado en tu oferta de mercado ¡Nada que ver! En términos de marketing, valor es un juicio subjetivo comparativo que el cliente se forma a partir del rendimiento percibido tras conocer un producto o servicio.

CON UNA PROPUESTA ÚNICA DE VALOR
LOGRARÁS DIFERENCIARTE
DE LA COMPETENCIA.

Para hacerlo más claro, repasemos rápidamente la propuesta de valor de Starbucks, una empresa genial en su manejo de marketing y que, con los ajustes necesarios, podríamos aplicar a la nuestra, dependiendo del caso. Starbucks se basa en crear una experiencia en torno al consumo de café a partir de una serie de elementos que fundamentan su estrategia comercial:

- El café: manejan gran parte de la cadena de suministro, desde el cultivo, hasta el tostado y la distribución.
- El servicio: trato personalizado que le da mucha cercanía con el cliente que los visita.
- El ambiente: establecimientos confortables, ambiente informal, tranquilo, con música agradable y wifi, con el fin de crear una experiencia más allá de simplemente ir a tomar una taza de café, como por lo general ocurre en cualquier otra cafetería.

Pero no nos adelantemos. Ten presente estos conceptos iniciales para cuando toque desarrollarlos en profundidad más adelante.

De ser reconocido a ser elegido: confianza

La confianza del cliente es un elemento esencial en la creación de una estrategia de Marca Personal: con muchas opciones a elegir en el mercado, el objetivo es convencer y conmover a clientes y prospectos. Y, sobre todo, cumplir con la propuesta de valor que te haga único como Marca Personal.

La Marca Personal debe ganarse la confianza de sus clientes y luego mantenerla con el objetivo de convertir a esos clientes en embajadores. ¿Cómo generas ese nivel de confianza? ¿Cómo logras que te elijan y luego te busquen como la mejor opción entre todas? La respuesta está en nuestro cerebro.

En la década de los 60 del siglo pasado el médico y neurocientífico norteamericano Paul MacLean propuso el modelo triuno (tres en uno) para el cerebro y su dominio sobre el comportamiento humano. Este modelo supone que el cerebro se divide en tres zonas: el neocórtex, el sistema límbico y el complejo reptiliano, responsable cada uno de cierto tipo de comportamiento humano:

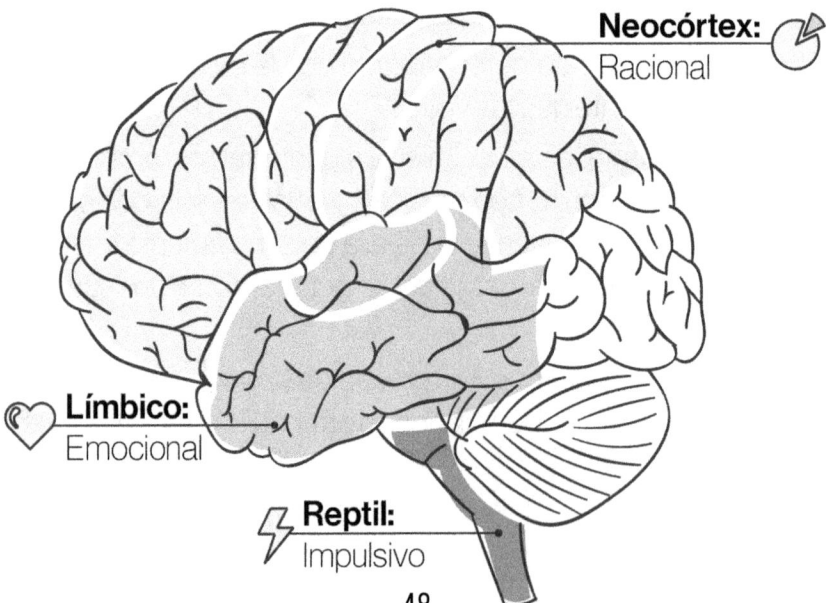

Neocórtex:
Racional

Límbico:
Emocional

Reptil:
Impulsivo

- **Neocórtex:** racional
- **Límbico:** emocional
- **Reptil:** impulsivo

Conocer y entender la funcionalidad de estas tres zonas del cerebro te permitirá diseñar estrategias que atraigan a los consumidores potenciales. Veamos.

Neocórtex: racional

Es la estructura más reciente dentro de la línea evolutiva y el responsable de las funciones más complejas, como el pensamiento sistemático y lógico que deja por fuera las emociones y las conductas primitivas de supervivencia. Encargado de examinar analíticamente tanto el entorno como nuestros propios actos, el sistema neocórtex controla funciones tan importantes como la memorización, la concentración, la reflexión, la resolución de problemas, el razonamiento espacial y el lenguaje, entre otras.

Límbico: emocional

Es uno de los más primitivos y, a partir de las experiencias recogidas por el cerebro reptiliano, se encarga de procesar las emociones asociadas a cada una de las vivencias del día a día. El sistema límbico regula las respuestas de nuestro cuerpo ante estímulos emocionales, a la vez que nos pone alerta y aumenta la tasa cardíaca cuando estamos nerviosos o sentimos miedo ante una situación de riesgo.

Se hace cargo de todas tus emociones. Son los medios que utiliza para decirte algo y tú decides si usas esta energía para parar o seguir. La manera de enfrentarlas te hará el camino fácil o difícil. Aprender a percibir y reconocer que estás "sintiendo" despierta el genio que hay en cada una de ellas, es lo que llamamos la maestría del vivir, porque detrás de cada acción, siempre está una emoción.

ES ESTA LA REGIÓN DEL CEREBRO QUE LLEVA, POR EJEMPLO, A UN RATÓN DE LABORATORIO A **ASOCIAR MOVER UNA PALANCA CON LA APARICIÓN DE COMIDA** EN UN COMPARTIMIENTO DE SU JAULA.

Carlos Puig Falcó, CEO de la prestigiosa agencia de marketing Branward, es muy claro al decir que la clave para que las emociones tomen valor es asociarlas al propósito, la promesa y la personalidad de la marca. "Todo debe estar conectado y orientado hacia despertar las emociones positivas de los clientes. Es necesario que los productos o servicios incluyan una dimensión emocional. No vendemos ordenadores, vendemos una ventana al mundo; no vendemos helados, vendemos un momento de frescor... Sin ninguna duda, hoy es necesario vender algo que mejore de alguna forma la vida de las personas. Para conseguirlo hay que hacerles sentir –no solo pensar- que somos la solución a alguno de sus problemas".

Impulsivo: reptil

¡Es el que más me interesa que conozcas! pues es el responsable de tomar nuestras decisiones de compra. El cerebro reptil es el cerebro más primitivo, con unos 250 millones de años de existencia, y maneja las capacidades instintivas básicas relacionadas con la supervivencia y los procesos biológicos tales como la respiración, el hambre, la sed y el sexo, así como el poder y la violencia.

El cerebro reptil es irracional, no piensa, vive en el presente y lo mueve la impulsividad. En los últimos tiempos el marketing se enfoca en estimular al cerebro reptiliano y al límbico, pero no al racional, por ser fáciles de manejar y generar potentes necesidades de compra.

EL NEUROMARKETING ES LA DISCIPLINA DE LA NEUROCIENCIA QUE **ANALIZA LOS PROCESOS CEREBRALES PARA CONOCER EL PORQUÉ DE NUESTRAS DECISIONES DE COMPRA**, QUE NO SON MOTIVADAS POR LA RAZÓN, MUY POR EL CONTRARIO, SON IMPULSIVAS, ES DECIR, REPTILIANAS. AUNQUE LOS CEREBROS LÍMBICO Y RACIONAL INTERVIENEN, EL QUE DECIDE ES EL SISTEMA REPTIL.

Por conocer cómo funcionan estos tres sistemas, las campañas de marketing modernas ya no se centran tanto en informar sobre las características objetivas (racionales, lógicas) del producto, tales como años de garantía o materiales con que está fabricado, por ejemplo. En su lugar, el marketing de hoy busca tocar la fibra emocional de las personas para suministrarles una sensación asociada al producto, más que el producto en sí. Te invito a revisar cómo sería paso a paso un proceso de compra racional... y lo que finalmente pasa en la realidad:

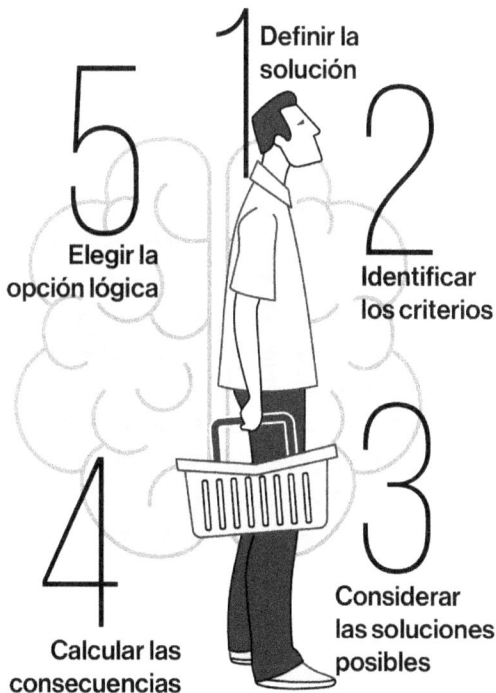

1 Definir la solución

2 Identificar los criterios

3 Considerar las soluciones posibles

4 Calcular las consecuencias

5 Elegir la opción lógica

1. Ante un problema o necesidad, definir la solución que debe ser tomada

Es identificar la necesidad a resolver. Por ejemplo, necesitamos un vehículo para la familia, que ha crecido en número y no nos acomodamos bien en nuestro carro actual.

2. Identificar los criterios importantes para el proceso y el resultado

Desglosar en partes el problema para que el cerebro identifique las causas y consecuencias de la decisión a ser tomada, así como en qué momento debe ser tomada, poniendo todo en piezas más pequeñas para facilitar la decisión. En el ejemplo que manejamos, en esta fase se revisa el presupuesto disponible para comprar el carro, así como los diferentes modelos y marcas que se ajusten a ese presupuesto.

3. Considerar las soluciones posibles

De acuerdo a la preparación y experiencia para resolver problemas, la persona tendrá más o menos soluciones en su cabeza: hay quienes bajo cierto niveles de estrés su capacidad de resolver soluciones se achica, mientras que en otras ocurre todo lo contrario. En el caso de la compra del carro, sería buscar alternativas de financiamiento para comprar el auto que resuelva nuestra necesidad de transporte para una familia cada vez más numerosa.

4. Calcular las consecuencias de las soluciones frente a la probabilidad de satisfacer los criterios

No es más que entender finalmente con cuáles recursos contamos y cuál será nuestra ganancia en placer o reducción del dolor.

5. Elegir la mejor opción

Ya con los pasos anteriores recorridos, el cerebro busca la mejor decisión que cumpla los elementos que dividimos en los puntos anteriores. En el caso del vehículo que necesitamos, la mejor opción sería un Toyota Prius, por ejemplo, que es un modelo accesible y de buena calidad.

¿Todo es tan lógico y racional? ¡Ni de lejos! Al momento de visitar el concesionario, el cliente termina comprando un descapotable que excede por mucho el presupuesto planteado durante la fase racional.

ACÁ EL SISTEMA REPTILIANO HA IMPUESTO SU VOLUNTAD, PERO SEGUIDAMENTE APELAMOS AL NEOCÓRTEX PARA BUSCAR EVASIVAS RACIONALES –FRASES DEL TIPO "NOS LO MERECEMOS", "LA VIDA ES MUY CORTA"- **QUE JUSTIFIQUEN LA DECISIÓN IMPULSIVA TOMADA POR EL SISTEMA REPTIL.**

Seguimos con el ejemplo de Starbucks, cuyos precios son muy superiores a un café de igual calidad que podemos conseguir en cualquier otro establecimiento, pero hay un valor emocional que amplía el valor racional del café. En fin, la conclusión es que una marca es un valor irracional que genera una plusvalía en el valor real de un producto.

Elecciones culturales

Otro elemento que juega un papel importante para la toma de decisión o elección de una marca son las elecciones culturales, que no son más que la relación de la cultura en la que estamos inmersos, con una marca en particular: si esa marca te hace pertenecer a cierto grupo, la marca te dará también un valor emocional, como es el caso de un Mercedes Benz (que da la sensación de ser parte de una clase privilegiada).

Una marca con códigos culturales y reptilianos muy profundos, más el impulso emocional correcto, tiene todas las de ganar. Así que una marca poderosa:

- Nace desde los códigos reptilianos.
- Tiene una clara identidad cultural.
- Brinda una emoción potente.
- Ofrece una excusa racional para justificar por qué la eliges, así no sea la alternativa más lógica.

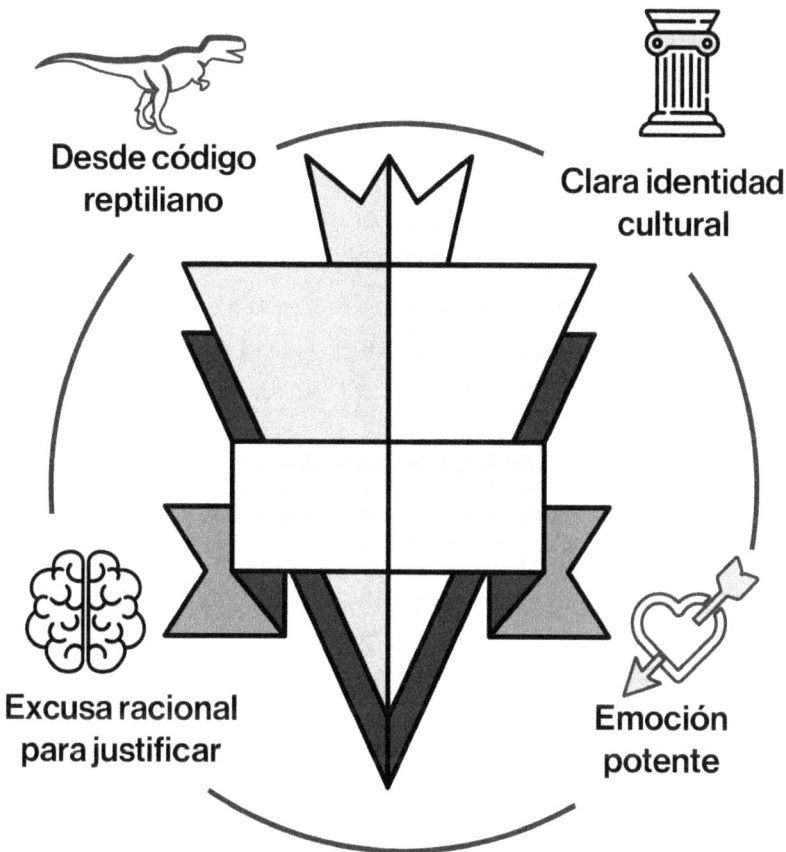

- Desde código reptiliano
- Clara identidad cultural
- Excusa racional para justificar
- Emoción potente

De ser elegido a ser el favorito: experiencia de usuario

Seguro que eres fiel a una determinada marca comercial, ya sea de línea blanca o electrodomésticos, porque es puntual y ofrece un excelente servicio postventa. ¡Eso es parte de lo que se denomina experiencia de usuario!

En el universo online se llama experiencia de usuario al proceso que lleva a cabo el usuario cuando interactúa con un producto, ya sea una aplicación o página web, concepto que luego fue trasladado a la experiencia de marca que busca crear una relación cercana y de confianza con el consumidor.

UN CLIENTE PLENAMENTE SATISFECHO NO SOLO COMPRA UNA VEZ, NO SOLO COMPRA DOS VECES, **COMPRA TODA LA VIDA.**

Los clientes buscan una experiencia confiable, estar seguros de que recibirán el envío en la fecha prometida por la compañía, y que recibirán la mercancía con la calidad y condiciones prometidas ¡Esa es una buena experiencia de marca! Por eso una marca, ya sea personal o comercial, debe:

Garantizar la calidad prometida

¡Es el elemento protagonista y sin el cual todos los demás pasos están de más! Examina cada aspecto detenidamente para asegurarte de que tanto la propuesta de valor como cualquier otro elemento que forme parte de tu producto, se cumpla satisfactoriamente una vez llegue a las manos del consumidor final.

Ser consistente

Supón que un día vas a cenar a un restaurante y te sirven un platillo exquisito. Encantado con tan apetitosa delicia, a la semana siguiente regresas y te sirven el mismo platillo... pero en un plato roto y poco limpio, pasado de sal, la ración en menor cantidad ¡y hasta frío! Lo más probable es que no vuelvas porque el servicio ha perdido la consistencia. Ser consistente en el ofrecimiento de un producto o servicio es el santo y seña para generar confianza en la clientela.

Reducir los puntos de fricción

Con fricción me refiero a los inconvenientes o estorbos que le impiden al cliente tener una experiencia satisfactoria, ya sea una espera muy larga para obtener su producto o servicio, poca variedad en las formas de pago, demoras en el envío y demás molestias que reducen drásticamente la confianza. Así que, una vez que esté en el mercado tu producto, identifica los puntos de fricción y redúcelos al máximo.

MÁRCATE
Establece una política de servicio

Al contar con una política de servicio, siempre sabrás cómo actuar ante determinada situación o cuál es el protocolo a seguir, a quien recurrir o informar para solucionar la situación y dar el mejor servicio al cliente. Luego de definir los lineamientos básicos de tu servicio al cliente, cerciórate de que sean conocidos y aplicados por tus colaboradores.

1: IKIGAI, VIVIR EN PROPÓSITO

MIRA CON HONESTIDAD DENTRO DE TI PARA DESCUBRIR TU PROPÓSITO Y POTENCIAL: ESE Y NO OTRO ES EL ORIGEN DE TU MARCA PERSONAL.

A hora que conocemos cómo elige el cerebro, volvamos con Jorge Luis. Camino a casa, nuestro amigo reflexiona sobre el origen de la frustración que por años ha venido arrastrando por trabajar sentado detrás de un escritorio mientras sentía que, fuera de la ventana, la vida pasaba de largo. Notaba cómo muchos amigos, parientes y excompañeros de estudio alcanzaron el éxito y una buena calidad de vida haciendo lo que les gustaba, pero nunca supo dar con la clave para conseguir esos mismos logros que ambicionaba para sí.

La constante frustración era motivo de rabia, malestar, ansiedad y desesperación que ya comenzaban a manifestarse en síntomas físicos y disgustos con su esposa. Jorge Luis tendía a culpar a otros, ya sea a su pareja o a su jefe, por no haber alcanzado sus metas. Ese malestar iba en aumento, amenazando en convertirse en amargura.

Aquel estado de postración existencial se reflejaba en sus dificultades para controlar las emociones, mostrándose a veces impaciente y exigente. Era proclive a pensar de manera radical: una cosa es blanca o negra, sin puntos intermedios, y se desmotivaba fácilmente ante cualquier contrariedad. ¿A qué se debía tan oscuro escenario? Una sola es la respuesta: la falta de definición de un propósito de vida.

La Marca Personal está estrechamente relacionada con tu propósito de vida, ya lo vimos con Frank Kern, porque es la piedra angular de toda realización humana. Y sin un propósito claro, todo paso será en falso.

Es el propósito personal o de vida el que te pone en la perspectiva más sólida –y esencial- para asumir riesgos, abrazar un proyecto o decidirte por una opción o una idea en particular, y desechar otras. Porque toda decisión, sobre todo a este nivel existencial, implica una elección, pero también muchas renuncias. Es a la vez roca y punto de arranque para iniciar un camino de realización personal, que abarca tanto la satisfacción propia, como la posibilidad de prosperar mientras impactas positivamente a los demás.

Y esto está relacionado estrechamente con la posibilidad de agregarle valor a tu vida, en el más amplio sentido de la frase. Si, por ejemplo, un proyecto determinado te promete triplicar tus ingresos, pero no está alineado con tus habilidades, tus emociones o tus ideas de lo que es "servir para algo", lo más probable es que no te sientas cómodo abriendo esa puerta. Y aquí debes hacerle caso a tu intuición, porque ella te dice que no serás feliz o pleno abrazando ese proyecto en particular.

UN GRAN PROYECTO O GIRO DE TIMÓN, ENTONCES, DEBE RESPONDER A TUS PREGUNTAS ESENCIALES, SENCILLAS Y MUY COMPLEJAS: ¿QUIÉN SOY?, ¿QUÉ ME HACE FELIZ?, ¿PARA QUÉ SOY BUENO?

Esas viejas interrogantes son los verdaderos caballos que tiran la carreta de la productividad y la evolución humana. Es la satisfacción personal, de llenar de sentido tu quehacer, lo que diferencia la mediocridad de lo sublime. Nadie logra hacer algo maravilloso, ni para sí ni para los demás, siendo infeliz mientras lo hace. El impulso a la productividad y a la excelencia, entonces, viene de las convicciones y de la contentura del corazón de la persona. Por ello me gusta la frase poderosa que casi al vuelo nos dicen nuestros mayores: "ponle corazón a lo que haces", que implica a la vez alegría propia y servicio. "Venimos a servir" pasa primero por el significativo concepto de "una vida que sirve".

De modo que cualquier proyecto, decisión o iniciativa debe desprenderse de tu propósito de vida, de lo que quieres lograr para desarrollarte como persona dentro de un mundo que necesitas y te necesita. Tener esto claro te ahorrará desvíos o disgregaciones e incluso te dará fortaleza para superar los desafíos y baches que tiene el camino a lo magnífico.

Hablando de baches y maravillas, pienso en un auténtico genio de nuestro tiempo: Elon Musk. El sudafricano nacionalizado estadounidense y canadiense, de origen modesto y blanco de bullying durante su infancia y adolescencia, se obsesionó desde niño con los viajes espaciales. Y siempre puso su corazón y hasta el último centavo en lo que creía.

¿Que a cada rato le estallan en el aire cohetes de miles de millones de dólares? Eso no lo amilana: ahí están sus cohetes Falcon 9 y Falcon Heavy, que marcaron un hito al abaratar el transporte espacial y ¡reimpulsar a la mismísima NASA!, agencia que acaba de poner al sofisticado rover Perseverance en el planeta rojo. Musk podrá ser hoy uno de los hombres más ricos del mundo, pero ha demostrado una y otra vez que el dinero para él no es un fin, sino un medio para lograr un propósito tan personal como ambicioso: que la humanidad colonice Marte.

Tal vez ni él pueda ver en vida tal gesta, por los desafíos propios de dejar el útero terrestre. Pero estoy plenamente convencido de que es un hombre tremendamente feliz porque sabe que está haciendo de partero del futuro.

LAS SOMBRAS DEL IKIGAI

Para resolver la compleja tarea de encontrar un propósito de vida, de la sabiduría japonesa nos llega la hermosísima palabra ikigai, que encierra, ni más ni menos, el "tener una razón por la que vivir" o "la felicidad de vivir". ¿Por qué esta palabra es tan significativa? Porque es la mezcla de dos vocablos japoneses:

- **iki** = vida
- **gai** = mérito o valor

La ecuación es tan simple como abrumadora: valor en la vida, o una vida de méritos. El término proviene del período Heian -el último período de la época clásica de la historia japonesa, entre los años 794 a 1185- y la popularizó Akihiro Hasegawa, psicólogo clínico y profesor de la Universidad de Toyo Ewia, cuando profundizó en términos como kai (gai, o "conchas", muy valoradas por la cultura japonesa).

"IKIGAI ES LO QUE TE PERMITE DESEAR QUE LLEGUE EL FUTURO, INCLUSO SI TE SIENTES MAL EN EL PRESENTE". MIEKO KAMIYA, AUTORA DEL EMBLEMÁTICO LIBRO SOBRE EL IKIGAI (1966).

El ikigai me recuerda la hermosa historia de Soul, la película de Pixar Animation Studios que cuenta la historia de Joe, un profesor de música de secundaria que sufre un accidente fatal momentos antes de realizar su sueño de ser un reconocido músico de jazz. Tras numerosas peripecias y embarcarse en un viaje al más allá para volver a la vida, Joe acompaña a 22 en la aventura de descubrir su pasión, hasta finalmente entender que su propósito no era realmente ser un músico famoso, sino vivir la vida al máximo, minuto a minuto, sorbo a sorbo. "Dicen que naces para algo, pero ¿cómo sabes qué es esa cosa? ¿Qué pasa si eliges la incorrecta? O la de otra persona, quedas atrapado", dice uno de los personajes de esta película que te recomiendo ver.

El ikigai es el corazón de cuatro cuadrantes:

- Lo que amas realizar.
- En qué eres bueno.
- Lo que el mundo necesita de ti.
- Aquello por lo que te pagarían bien.

Se asocia mucho al diagrama de Venn por los círculos superpuestos que representan una característica o cualidad, y en cuyas intersecciones se forman las llamadas sombras del ikigai: esas áreas que te dicen qué persona resultará de las diferentes confluencias de colores. Es decir, si te falta pasión y proyección de vida, reflejarás una Marca Personal desganada y sin rumbo porque estás solo en dos cuadrantes y no has desarrollado los otros dos restantes.

> "LO QUE SE ENCUENTRA DETRÁS DE NOSOTROS Y LO QUE SE ENCUENTRA ANTE NOSOTROS SON ASUNTOS PEQUEÑOS **EN COMPARACIÓN CON LO QUE SE ENCUENTRA DENTRO DE NOSOTROS**", AFIRMÓ EL ESCRITOR ESTADOUNIDENSE RALPH WALDO EMERSON.

Por supuesto que, como seres humanos, en ese descubrimiento de nosotros mismos hacia la plenitud y de una Marca Personal poderosa, conseguimos vacíos, carencias o baches. Es lo que se llaman "las sombras del ikigai", y que te explico a continuación:

Puede que a Jorge Luis le encante ayudar y lo haga con pasión, pero como no ha personificado lo que necesita como propósito, le faltan dos patas: profesionalizarse y generar rentabilidad. Al final no identifica su pasión por ayudar como una manera integral de su ser, sino como una parcela aislada de su vida. Cada intersección del ikigai tiene unas sombras, que es la mezcla de dos aspectos, pero resulta que a Jorge Luis le falta el tercero: esa es su sombra.

La mayoría de las personas que han usado el ikigai como modelo para conseguir su propósito se enfocan en los cuatro grandes cuadrantes, y no es así. Los japoneses, que por algo son unos de los pueblos más longevos del mundo (las mujeres viven en promedio 87 años y los hombres 81 años), no descartan las sombras del ikigai: tú vives en la luz y vives en la sombra.

Las marcas personales somos así, tenemos luces y sombras, cosas buenas y cosas malas. Y esas sombras, esos defectos, también te definen como Marca Personal. No las escondas. Hoy por hoy la Marca Personal es más bien una muestra de muchos desaciertos o errores que tuviste y que te convirtieron en lo que eres hoy.

Según el budismo, las verdaderas metas vitales son procesos que involucran a los propios individuos, de allí que conquistarse a sí mismo sea una tarea más grande que conquistar a otros.

A Jorge Luis lo llena ayudar al mundo, pero vive con pocos recursos económicos. Es bueno, pero pobre porque permanece en esa sombra, en ese cuadrante donde lo que hace es "servir al prójimo". En su ikigai está viviendo en la sombra de su propósito, sin desarrollarlo de manera integral.

¿CÓMO ENCONTRAR TU IKIGAI?

El primer paso es conocer las sombras y las luces del ikigai e integrarlas en tu vida. Saber que si te afecta la falta de riqueza, debes dar un alto y buscarla; si te inquieta la falta de pasión en lo que haces en tu día a día, ¡toma consciencia de ello y descubre tu pasión!

Las personas no suelen estar muy apasionadas con lo que hacen, sino con lo que les gusta, que es diferente. Tú no puedes decir "yo soy un apasionado de las redes sociales", porque las redes sociales están repletas de muchos elementos como lo son el contacto con otras personas, poder publicar tus opiniones o modo de vida, estar al tanto de la información del momento, de los chistes de los humoristas, entre miles de cosas más. Así que no puedes ser tan genérico y decir simplemente "a mí me gustan las redes sociales".

UN EXPERTO EN MARCA PERSONAL IDENTIFICA NO SOLAMENTE EL ÁREA DONDE ES BUENO, SINO **EN DÓNDE ESTÁN SUS SOMBRAS** O AQUELLO EN LO QUE NO SOBRESALE

Lo que quiero que aprendas, dentro de tu Marca Personal, es que dentro de esa pasión que sientes por las redes sociales, hay ciertos aspectos que podrían resultarte fastidiosos, como ser un community manager siempre pendiente de las métricas, de los resultados de tus publicaciones, de estar al tanto del tema del día para reaccionar a él con un post, entre muchos otros aspectos. Allí es donde tienes que trabajar tu Marca Personal para descubrir aquel factor específico de las redes sociales que de verdad te apasiona.

MÁRCATE
Pasos para encontrarlo

Para encontrar tu ikigai debes resolver estas cuatro cuestiones:

1: Lo que te gusta

2: Lo que se te da bien

3: Aquello por lo que te pueden pagar

4: Lo que el mundo necesita

• Cuando se tocan lo que te gusta con lo que se te da bien, has encontrado tu pasión.

• Si unes lo que se te da bien y aquello por lo que te pueden pagar, esa podría ser tu profesión.

• Si unimos aquello por lo que te pueden pagar y lo que el mundo necesita de ti, hallas tu vocación.

• Si unes lo que el mundo necesita y lo que te gusta, hallarás tu misión.

• Y si consigues sumar todas estas variables, has encontrado tu propósito de vida -> IKIGAI

NO TENEMOS MISIÓN NI VISIÓN

En este punto es necesario diferenciar el propósito de vida de lo que las empresas llaman su misión y visión. En su planificación estratégica o declaración de marca, las compañías crean su misión, visión, objetivos generales, objetivos específicos y objetivos estratégicos. ¿Por qué? Porque son entes inanimados y tratan de humanizar las marcas, proyectando su identidad a largo plazo.

Pero las personas no tenemos misión y visión. Algunos autores buscan imponer esos conceptos, pero fracasan porque tú no eres un objeto o una empresa. Cada día enfrentamos cambios, ya sea contraer matrimonio o divorciarse, la llegada de hijos, mudanzas o caer en una situación económica complicada que modifican constantemente la "visión". A diferencia, por ejemplo, de un reloj marca Rólex, que permanece en la vitrina y nunca sufre de dolores de cabeza, no amanece un día sin ganas de ir a trabajar, ni tiene hijos o se muda de ciudad. No hay una conexión humana en él. En cambio, las personas son esencialmente humanas y en constante cambio.

Una vez hallado el motivo por el que nos levantamos cada mañana, la siguiente fase sería trabajar para alcanzarlo o mantenerlo, si descubres que ya lo tenías. Para ello, debes trazar un plan y unos objetivos a largo, mediano y corto plazo impulsados a partir de tu ikigai que, por lo general, encuentra su esencia en los siguientes aspectos:

Sorbo a sorbo

Confronta ideas preconcebidas

1. Sorbo a sorbo

La sabiduría milenaria que produjo el concepto del ikigai lo sabe muy bien: desde la humildad se logra una vida plena. Y esto significa no solo la modestia de carácter que supone alejarse de la grandilocuencia y el arrebato, sino la de asumir cada paso y momento, por pequeño que sea, como un motivo para agradecer y celebrar.

Es lo que nos enseña, como vimos líneas atrás, el descubrimiento de Joe, en Soul, tras muchas peripecias por un sueño mayúsculo que en verdad estaba piel afuera. O lo que un grupo de abuelas octogenarias de Okinawa experimenta cada día: la sencilla alegría de bailar y cantar para otros desde su banda pop KBG84, una modesta felicidad que mantiene a raya los estragos propios de la vejez.

La clave del ikigai es, entonces, apreciar el sabor de la vida paladeando cada sorbo, independientemente del tamaño de tus metas u objetivos. No perder de vista que tú no eres tus logros o tus sueños, porque estos se desvanecen apenas los alcanzas para abrirle la puerta a otros. Así que el "mérito de la vida" no está en llegar a un destino, sino en disfrutar el viaje o los pasos que te llevan a él.

Esta frase se ha convertido en cliché, pero yo aquí me atrevo a reivindicarla puesto que nos pide no supeditar nuestra felicidad a una meta específica; en su lugar, apreciar al máximo el avance. Los pasos, por pequeños que sean, e incluso los tropiezos, tienen un valor por sí mismos, independientemente de adónde conduzcan. Ya un claro propósito de vida será el faro que impida extravíos.

Traigo de nuevo a Elon Musk como ejemplo para esto que trato de explicarte:

- **Su propósito (clarísimo):** colonizar Marte, sacar a los humanos de la Tierra en caso de alguna hecatombe planetaria, sea natural por un asteroide, un supervolcán u otro evento catastrófico; sea autoinfligida, como el cambio climático o un apocalipsis nuclear.

- **Sus pasos:** amasar las fortunas que requieren sus cohetes experimentales, estudiar ingeniería para diseñarlos él mismo, fracasar, fracasar, persistir. Hacer de su SpaceX la diana que despertó la carrera espacial.

Por supuesto que no somos Elon Musk, pero llevemos un gran objetivo a nuestra escala, por ejemplo:

- **Tu propósito:** crear una gran marca de cócteles y vivir de ella (si los sabes hacer y te apasiona hacerlo).

- **Tus pasos:** investigar, formarte, experimentar, fracasar, persistir, invertir, innovar, promocionar, fidelizar. En el camino, disfrutar de cada etapa. Incluso tomándote los reveses "con soda", como lo hace Musk. Y acercarte de a poco al cielo de la plenitud personal.

MÁRCATE
Examínate bien

En ese proceso de revisión hay varias preguntas que debes responder para encontrar tu ikigai:

• ¿Qué te gustaba cuando eras niño?

• ¿Con cuál tarea te sientes cómodo?

• ¿Qué te resulta fácil realizar?

• ¿Con qué ocupaciones se te pasa el tiempo volando?

• ¿Qué cosas te hacen sentir bien contigo mismo?

• ¿Qué harías si solo te quedase un año de vida?

• ¿O qué harías si tuvieras todo el tiempo y el dinero del mundo?

2. Confronta ideas preconcebidas

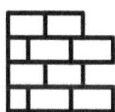

Una de las lecciones maestras del ikigai es la que nos lleva a confrontar ciertos pensamientos que nos desvían de nuestra esencia y propósito. Te sugiero que te preguntes ¿qué me hace feliz? por encima de ¿qué es el éxito para mí? Y hago la diferencia porque el éxito es relativo y algo que suelen "ver" los demás (lo que para unos puede ser tener un gran trabajo, para otros es la casa soñada, el auto del año o un título académico).

Mientras que aquello que te hace feliz va más allá de las metas alcanzadas, sean del tamaño que le hayas puesto, pues supone revisarte y reconocerte en tus valores, tus emociones y anhelos profundos, como puede ser amar y sentirte amado, proteger y sustentar a tus seres queridos, alegrarte y agradecer los buenos momentos, generar empatía, sentir que estás dejando una huella positiva en el mundo.

MÁRCATE
Para un ikigai perdurable

El propósito de tu vida debe insertarse entonces en esta dinámica virtuosa en la que tú haces lo que sabes y te encanta hacer y el mundo te reconoce y te paga por ello. Para asegurarte de su permanencia en el tiempo, plantéate los siguientes interrogantes. Pongamos el ejemplo de los cócteles:

- ¿Es factible mi propósito, tengo las capacidades y herramientas necesarias?
- ¿Puede autosustentarse y resistir tropiezos o malas rachas?
- ¿Puede mantenerse en el tiempo?
- ¿Es rentable?
- ¿Me apasiona y responde a mis valores?
- ¿Qué aspectos de mi vida diaria tendría que sacrificar para hacerlo sostenible? ¿qué gano y qué pierdo en esa suma/resta?

¿PARA QUÉ SIRVE Y PARA QUÉ NO?

El ikigai no te ayuda a descubrir tu propósito, te hace vivir en propósito. Es, como diría Dan Buettner, autor del libro *El secreto de las zonas azules*: come y vive como la gente más saludable del planeta, un "propósito en acción" en donde confluyen "tus valores, las cosas que te gustan hacer y aquellas para las que eres bueno".

Revisemos ahora las diferencias entre "encontrar" tu propósito, y lo que realmente deseo que logres con este capítulo: vivir en propósito:

- Hay mucha gente que se lamenta de "no conseguir" su propósito. Pero ¿acaso es que un día vas caminando por el parque, mueves una piedra y salta de debajo de la piedra tu propósito? No funciona así. Cuando Bernard Shaw dice "nosotros NO encontramos propósitos", lo que quiere decir es que no es algo que está perdido: nosotros vivimos cada día en el propósito que decidimos.

- Para vivir en propósito debes entender que si ese propósito es parte de tu vida, te llevará a lugares y a personas afines a ese propósito. ¡Y lograrás muchas cosas!

- Los pensamientos y las palabras son reales y tienen poder, pero cuando son castradores bloquean tus posibilidades de avanzar. Muchas veces somos duros con nosotros mismos, y nos enamoramos de la imagen o de las palabras de los demás pero desaprobamos las propias. Cuando descubres que puedes cambiar esas ideas limitantes que manejas sobre ti mismo, vivirás tu propósito a plenitud.

- Muchas personas establecen una autopercepción y luego buscan explicarla a los demás. Y así no funciona. Entender el ikigai o el valor de tu vida es una forma de creerte para qué viniste a este mundo. Porque si tú te crees el cuento, se lo comunicarás al resto de las personas y te creerán porque les hablas desde la confianza y la convicción; pero si tú no te crees tu cuento, ¿por qué los demás lo creerían?

MÁRCATE
¿Disfrutas de tu ahora?

Muchas filosofías orientales nos advierten del riesgo de abandonar el ahora, de dejar de vivir en el momento presente. Y cuando nos centramos en el deseo, en lo que queremos o en lo que no queremos, estamos dejando de vivir en el ahora. Así que hazte la siguiente pregunta: ¿estoy disfrutando del viaje, o pienso que no soy una de esas personas afortunadas que pueden encontrar una gran razón de vivir?

En medio de sus reflexiones sobre la materia exacta de la que está hecha su esencia, Jorge Luis se propone identificar su propósito de vida. Bien sabe que nunca ha sentido gran interés por una vida de juerga y placeres, ni tampoco en la satisfacción personal que no involucre el bien de los demás. "Uf, y entonces ¿qué es eso que me hace sentir feliz?", se pregunta, y de inmediato la claridad llega a él: ayudar a otros.

Esa y no otra fue la razón que lo llevó a estudiar en la universidad, aunque luego las responsabilidades diarias lo empujaran a emplearse como asesor en una institución financiera.

Al momento de repasar aquellos momentos en que se ha sentido más pleno y realizado, a su mente llegan las ocasiones en que ayudó al prójimo, no desde el punto de vista económico pues jamás le sobraron los recursos financieros, pero sí cuando acompañó, ya sea a amigos cercanos y parientes, a resolver los problemas de pareja, principalmente aquellos relacionados con las finanzas. ¡Quienes lo conocen siempre alaban su buena voluntad y eficacia para ayudar a parejas con conflictos en materia económica!

Jorge Luis descubre su deseo de ayudar a mejorar la relación de las parejas en conflicto, y la gratitud de sus amigos y parientes es el mejor indicador de que está cumpliendo su propósito. ¡Ahora va tras el resto que complete su propósito!

2: DESCUBRE TU TALENTO

IDENTIFICA EL TALENTO, EN EL QUE VOLCAR TU PROPÓSITO DE VIDA, Y CONVIÉRTELO EN **TU FUTURA FUENTE DE PROSPERIDAD**

Jorge Luis llega a casa y se sirve un café. Ahora, sentado en el sofá de la sala, aprovecha el silencio para tomar un lápiz y una libreta y escribir aquellas ocupaciones en las que de ahora en adelante le gustaría plasmar su recién "descubierto" propósito de vida: ayudar al prójimo, especialmente a las parejas que atraviesan conflictos y cobrar por ello.

Tras cinco minutos en esta tarea, ¡ya ha llenado varias páginas! con actividades que ejecuta muy bien y que van desde la jardinería, la preparación de postres suculentos, ser un orador estupendo, hasta cuidar mascotas y reparar grifos que gotean. ¡Vaya prodigio! Jorge Luis sufre de una superabundancia de talentos potenciales, una congestión de habilidades que le dificulta decidir aquella que mejor se ajuste a sus expectativas.

Es lo que llaman la parálisis de la libertad de elección, es decir, la frustración e incertidumbre que produce tener muchas opciones que elegir y no terminar de decidirse por una en particular, como cuando queremos ver una película en Netflix y pasamos más tiempo decidiendo qué ver que lo que dura la película en sí.

El caso del Jorge Luis es opuesto –aunque con resultados parecidos- al de la persona que, enfrentada al mismo reto de elegir en qué actividad le gustaría dedicarse, pasa toda una tarde con el papel en blanco, sin que ninguna alternativa se le cruce por la mente. Un mismo problema es la raíz de ambas situaciones: la falta de definición de un talento que vaya de la mano de su propósito de vida, para a partir de esa combinación desarrollar su Marca Personal.

¿QUÉ ES EL TALENTO?

Muchas personas sueñan con ser los protagonistas de sus vidas... pero ignoran cuál película protagonizar, que si una de vaqueros o de ciencia ficción: una semana pretenden ser influencers de estilo de vida, al mes siguiente quieren sobresalir como chefs de alta cocina, y luego floristas o escultores. Para que eso no te pase a ti, te invito a descubrir tu talento así como las herramientas esenciales para convertirlo en el emblema de tu Marca Personal.

Sin más vueltas, mi definición de talento es la siguiente:

El talento es la forma que tienes de realizar actividades que, unida a la disciplina, genera una habilidad con la cual puedes lograr ser reconocido.

De allí que el talento es una actividad que:

- Repites constantemente.
- Realizas muy bien.
- La gente dice que ejecutas muy bien.

Hay quienes piensan que carecen totalmente de un talento, mientras otros se suponen más talentosos de lo que realmente son. A su vez, abundan las personas que creen que parten de cero luego de sufrir un cambio radical, ya sea porque emigran a un país desconocido, cambian a un trabajo en el que tienen poca práctica, o se divorcian de su pareja de muchos años, cuando en verdad no es así: aunque no lo parezca, las experiencias forman un cúmulo de conocimientos que podemos utilizar a futuro, así no tengan una vinculación directa con las actividades que realizaremos en el presente. Recuerda la famosa frase de Steve Jobs "Conecta los puntos".

En lo personal, me parece muy injusto ver a personas talentosísimas pero que no obtienen la retribución económica que merece su talento. Es que el talento por sí solo no hace dinero, no produce un dólar ni tiene efecto alguno en la cuenta bancaria. El talento es rentable solo cuando lo convertimos en un producto o servicio. De allí que uno de los objetivos que persigue la Marca Personal sea monetizar el talento y hacer que rinda dividendos.

EL ÉXITO FINANCIERO NO LES PERTENECE A LOS TALENTOSOS, SINO A LAS **PERSONAS QUE SABEN MONETIZAR SU TALENTO.**

El talento debe ser sumado a la categoría para dar dinero.

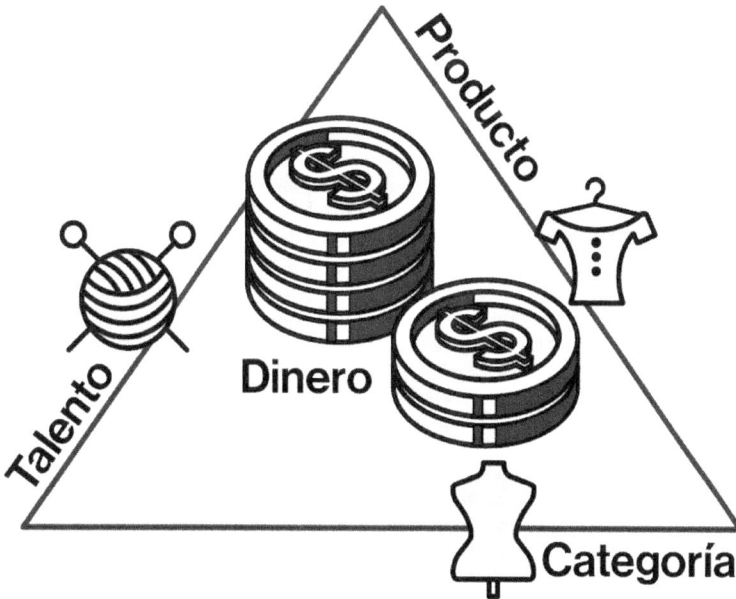

¿Qué es una categoría?

Te adelanto que una categoría es el sector del mercado donde producimos el producto o servicio que termina en manos del cliente. Algunas personas la llaman industria, otras lo denominan mercado; pero en este caso lo llamaremos categoría pues se trata de ubicar en cuál sector productivo rendirá mejores frutos tu Marca Personal. El tema de la categoría lo desarrollaremos con profundidad en el siguiente capítulo, a la vez que la definición del producto o servicio le dedicaremos el último capítulo de este libro. ¡Ten paciencia! Porque antes de abordar esos aspectos, primero debemos definir tu talento. ¡Manos a la obra!

INVENTARIO DE TALENTOS

La siguiente práctica te será de mucha utilidad para pisar tierra sobre el talento con el que materializar tu propósito de vida.

Primer cuadro: lo que piensas de ti

Escribe, sin orden de preferencia, 15 talentos relacionados con actividades que realices muy bien, ya sea escuchar, hablar, que cocinas sabroso, si eres excelente en la jardinería o un as de las ventas. No preguntes a nadie, pues se trata de un autoexamen con el que empezarás a reconocer tu talento mediante la autopercepción. Es importante que seas honesto contigo mismo pues, de lo contrario, seleccionarás talentos que no impulsarán tu Marca Personal.

LO QUE YO HAGO BIEN

	Talentos	Puntos
1		
2		
3		
4		
5		
6		
7		
8		
9		
10		
11		
12		
13		
14		
15		

Luego de anotar los 15 talentos, califica del 1 al 5, sin orden de preferencia, en lo que eres muy bueno o menos bueno. Veamos como ejemplo a Jorge Luis, cuyo propósito de vida es ayudar al prójimo. Jorge Luis tiene talento para cocinar, con lo que podría ayudar a sus semejantes mediante la preparación, por decir algo, de platillos exquisitos pero económicos para enfrentar momentos de crisis ¡Pero tampoco es que Jorge Luis sea una estrella frente a las ollas! Entonces se califica en esta tarea con un 3. A su vez, siempre ha sido un excelente orador, aunque nunca se ha procurado la oportunidad para desarrollar este talento. Acá se puntúa con un 5.

Segundo cuadro: lo que piensan de ti

En el segundo cuadro vas a escribir esos mismos 15 talentos y se los mostrarás a 5 personas distintas: desde alguien que conozcas mucho, a una persona que casi no conozcas, digamos una prima tercera lejana. Vale aquí recordar la estupenda frase del escritor, biógrafo y activista social austríaco Stefan Zweig: "No es hasta que nos damos cuenta de que significamos algo para los demás que no sentimos que hay un objetivo o propósito en nuestra existencia".

La idea es que las 5 personas que escojas evalúen, del 1 al 5, los 15 talentos que anotaste en la tabla anterior. Los perfiles de estas 5 personas podrían ser los siguientes:

- **1 =** La persona más cercana a ti, puede ser tu mejor amiga o amigo. Eso sí: que no sea incondicional o te ame ciegamente, como tus padres o tu pareja, pues estas personas tendrán juicios sesgados hacia ti y no darán una opinión objetiva ya que de antemano piensan que ¡eres la persona más maravillosa y talentosa de este planeta!

- **2 =** Una persona cercana pero no tanto como la del caso anterior, quizá un actual compañero de trabajo que te conoce medianamente bien y has compartido momentos tanto laborales como de disfrute.

- **3 =** Una persona no tan cercana, digamos un excompañero de estudios.

- **4 =** Una persona que te conozca pero que no mantenga una relación cercana contigo, tal vez un vecino.
- **5=** La persona más lejana. Que tú conoces, pero que no se relaciona todo el tiempo contigo, pero que esté dispuesta a decirte la verdad a la cara, tal vez otro vecino.

Suma el puntaje obtenido.

LO QUE LAS PERSONAS DICEN

Nro	Habilidad	Puntos	Puntos	Puntos	Puntos	Puntos	Total
1							
2							
3							
4							
5							
6							
7							
8							
9							
10							
11							
12							
13							
14							
15							

El puntaje máximo será 25 puntos por cada talento en caso de que todos los encuestados hayan calificado con 5 puntos a alguno de esos talentos.

Tercer cuadro: habilidades más altas

Detecta las 5 habilidades con puntaje más alto obtenidas de la tabla anterior, y súmales tus propios puntajes del primer cuadro. Verás que la presente tabla presenta tres cuadros adicionales: "Me apasiona" y "Es rentable", en las cuales deberás puntuar del 1 al 5, sin repetir el valor, la calificación que mejor se ajuste al caso. En esta tabulación identifica y jerarquiza de mayor a menor las 5 que arrojaron las mejores puntuaciones. Esa es la foto de cómo te percibes tú y lo que la gente percibe de ti.

HABILIDADES MÁS ALTAS					
Habilidad	Puntos míos	Puntos otros	Me apasiona	Es rentable	Total

Finalmente, suma los resultados en orden horizontal para ponderar tu talento más monetizable. Ahora es importante determinar si los talentos que aparecen en la tabla son operativos o actitudinales. ¿Cuál es la diferencia? Pues que los primeros son actividades que realizamos frecuentemente para obtener dinero, mientras que los talentos actitudinales son un reflejo de la actitud y se relacionan con cómo las personas que te rodean perciben tus valores internos.

En la vida hay talentos que son totalmente actitudinales y otros operativos o de trabajo. Vender es un talento operativo, mientras que ser buen amigo es un talento actitudinal. Un ejemplo claro es la espiritualidad: ser sacerdote o pastor puede ser un talento rentable, pero ser una persona religiosa no, pues es un talento actitudinal.

Las personas con muchos valores actitudinales son aquellas ante la que los otros comentan que es muy hábil en ese talento, pero les cuesta monetizar mediante productos. De allí la importancia de revisar si tu entorno te percibe más como sujeto con actitud (emocional y subjetivo) u operativo (orientados a realizar tareas que arrojen resultados concretos).

Dependiendo de tu relación con tu talento (Me apasiona / Es rentable), vas a calificar del 1 al 5 dicho talento. La idea acá es priorizar, por lo que no puedes repetir la calificación, es decir, si Jorge Luis calificó con 5 Hablar en público, no puede colocarle esta misma calificación a Cocinar o Carpintería, por ejemplo.

Hasta este momento pudiste haber obtenido resultados parecidos, pero cuando introduces las variables de pasión y rentabilidad, la tabla empieza a sincerarse: hay talento que tú dirás "¡wao!, esto que el resto del mundo me calificó como 5, a mí no me apasiona para nada". Ejemplo: a Jorge Luis lo calificaron con 5 en la cocina porque a la gente le encanta su comida, pero resulta que a él no le apasiona cocinar. Le gusta preparar recetas deliciosas, pero no le dedicaría su vida entera a esta actividad. Entonces Jorge Luis puntúa con 2 o 3 la actividad gastronómica.

Al final a Jorge Luis le salió que su primer talento, con 38 puntos obtenidos, es hablar en público. En tu caso, ese primer talento es el que deberías explotar en tu Marca Personal porque resume tu propia percepción, la percepción de los demás, es un talento monetizable y, además, te apasiona de manera que perdurarás en esa área y lo desarrollarás al máximo.

MÁRCATE
Crea tu FODA

El análisis FODA es muy útil para identificar tus fortalezas, debilidades, oportunidades y amenazas, y definir el talento con el que maravillarás al mundo, a la vez que pone en relieve aspectos que necesitas mejorar de ti. Cada individuo tiene una tendencia, que puede ser ir hacia adelante, hacia atrás, o una posición de apertura y acompañamiento de otras personas. Esto dicta una tipología que posee fortalezas y debilidades. Cuando alguien entiende cuál es su propensión, potencia sus puntos fuertes y refuerza aquellos en los que no lo son tanto.

- **Fortalezas:** son características internas que crean una ventaja competitiva. Por ejemplo, la habilidad como contador.

- **Oportunidades:** son externas. Siempre hay oportunidades para que te aproveches del mercado. La educación, ser bilingüe o experiencia en un área específica son ejemplos de oportunidad.

- **Debilidades:** son internas y necesitan ser mejoradas. La desorganización sería un ejemplo de una debilidad.

- **Amenazas:** son externas, por lo que no se pueden controlar completamente pero sí reducir o minimizar.

¿NACE O SE HACE? ¡QUÉ IMPORTA!

Luego de una mañana de reflexión y tras aplicar las herramientas recomendadas líneas atrás, Jorge Luis identifica que su talento es hablar en público y, gracias a su carisma, es una promesa de la oratoria. Pero nunca cultivó ese talento, que con la falta de práctica quedó sin desarrollar ni pulir. Maneja la habilidad de cautivar a auditorios enteros pero no el con qué, la herramienta en sí. Y hasta ahí llegó. Se quedó estancado en el grupo de "talentosos" que no prosperaron, que permanecieron con su talento embotellado y sin posibilidades de encauzarlo hacia el éxito.

El talento puede ser tanto innato como aprendido, es decir, puede nacer contigo o no, pero si no lo desarrollas y no lo conviertes en un hábito, para efectos de la Marca Personal allí no hay un talento, cuando mucho un don generado por la genética.

Quizá el talento que desarrollas en tu día a día no te acompañó desde tu nacimiento, pero si lo disciplinas combinándolo con tu pasión, destacarás como Marca Personal en ese talento. El futbolista argentino Messi, por ejemplo, nació con una predisposición genética para ser un genio del fútbol, pero sin esfuerzo y entrenamiento nunca hubiese desarrollado su talento en el llamado deporte rey, jamás hubiese sido el Messi que conocemos.

EL TALENTO ES UNA HABILIDAD QUE, CON PRÁCTICA Y CULTIVÁNDOLA REPETIDAMENTE, LOGRARÁS **QUE LA GENTE TE RECONOZCA COMO ALGUIEN EXPERTO.**

El talento te acompañará hasta cierto momento. De allí en adelante, tienes que invertir esfuerzo, estudio, disciplina y oficio. Muy claro en este punto fue Calvin Coolidge, abogado y trigésimo presidente de los Estados Unidos, para quien "nada en este mundo puede tomar el lugar de la persistencia. El talento no lo hará: nada es más común que hombres con talento que no han tenido éxito. El genio no lo hará; genio sin recompensa es casi un proverbio. La educación no lo hará: el mundo está lleno de abandonos educados. La persistencia y la determinación son omnipotentes".

El talento no es una "garantía" de que vas a destacar en determinado campo. Lo puedes traer contigo como una marca de nacimiento, pero solo desarrollándolo constantemente lograrás que los demás te identifiquen como una persona talentosa. No obstante, hay quienes le dejan todo el trabajo al talento y no a la disciplina: son esas personas quienes no terminan de brillar o se quedan "en el aparato". Tú decides hasta dónde quieres que tu talento sea apenas una anécdota en recorrido existencial, o una poderosa arma con que conquistar el mundo.

Predominancia cerebral

Para terminar de definir la habilidad en la que te enfocarás, realiza el ejercicio de predominancia cerebral. ¿De qué se trata esto? De nuevo, la respuesta está en el cerebro.

Aquello de que "solo utilizamos el 10 % del cerebro" y ¡vaya lo que lograríamos si exprimiéramos cada neurona!" es una creencia que la ciencia tiró por la borda. Lo que sí es cierto es que el cerebro trabaja coordinando sus hemisferios izquierdo y derecho. Y que cada uno tiene funciones diferenciadas o preponderantes, que determinan nuestras habilidades, talentos y actitudes.

Así, la facilidad para la palabra y el lenguaje, la capacidad para las ideas abstractas como las matemáticas, la lógica, el análisis y la deducción son habilidades que procesa nuestro lado izquierdo del cerebro. También se teje allí nuestro pensamiento racional y los recuerdos o la memoria. El de Albert Einstein debió echar chispas, sobre todo cuando creó lo que se conoce como "la ecuación más bella de la historia", que sostiene su Teoría de la Relatividad: $E=mc^2$. Y, claro, muy activo también en mortales que hablan varios idiomas, son muy organizados, pragmáticos o tienen un especial talento para los números y finanzas, como nuestro Jorge Luis.

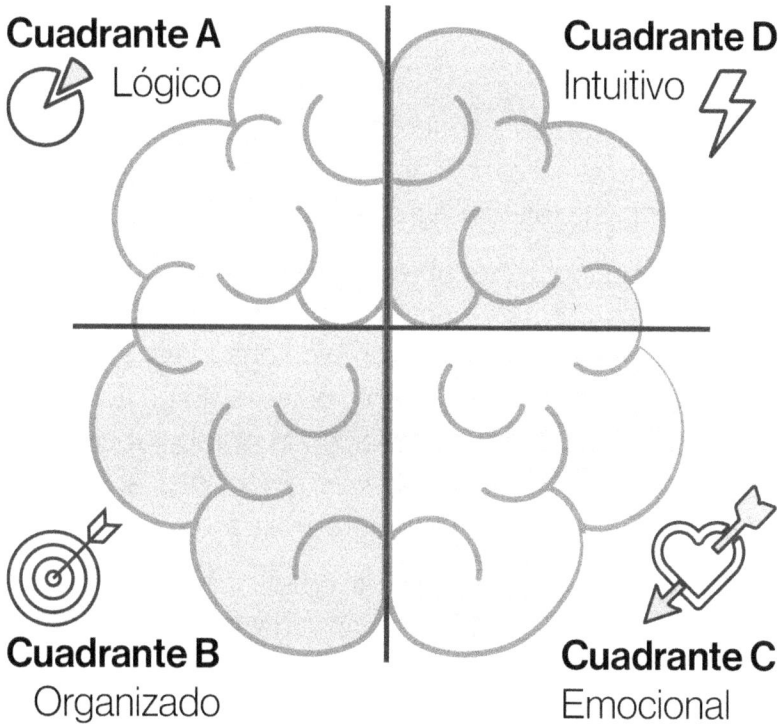

Cuadrante A
Lógico

Cuadrante D
Intuitivo

Cuadrante B
Organizado

Cuadrante C
Emocional

Como en una perfecta balanza, la máquina más compleja creada por la Naturaleza complementa aquellas habilidades racionales y de abstracción de su lado izquierdo con el reino de los sueños, las metáforas, la imaginación, la sociabilidad y los sentimientos que habita en el hemisferio derecho. Es territorio de los artistas, los innovadores, los filántropos y los poetas, entre otras criaturas muy especiales, como los soñadores y los mártires. Para crear un monumento de la imaginación como Cien años de soledad, Gabriel García Márquez tuvo que haber sido un hijo dilecto de este hemisferio cerebral.

EL CEREBRO TAMBIÉN ES UN ÓRGANO MUY FLEXIBLE, QUE PODEMOS **EJERCITAR Y MOLDEAR CON NUESTRA VOLUNTAD, HÁBITOS Y PENSAMIENTOS.**

Lo vemos precisamente en Jorge Luis: muy bueno para las finanzas y "buena labia", pero por años estancado en un trabajo insatisfactorio solo por no atreverse a crear otras opciones para él.

¿Qué tal si nuestro personaje empieza a soñar y a anotar ideas descabelladas para su mente racional, pero que quedan ahí como germen de algo nuevo, como detonadoras de la innovación? Juro que si en ese momento ponen a Jorge Luis bajo un escáner, el cerebro todo estará haciendo su trabajo bajo un chorro de endorfinas que dispararán las emociones, el placer y el entusiasmo. Y cuando hablo de Jorge Luis, también te miro a ti.

Ya una vez identificado tu talento, tú eres la primera persona que necesita convencerse de sus capacidades para emprender tu "viaje del héroe". ¡No tengas miedo a tu propia grandeza! De hecho, el miedo a la grandeza puede ser más debilitante que el miedo al fracaso, pues nos arrastra a la comodidad y a jugar pequeño para no correr riesgos ni grandes sobresaltos. Así que te invito a asumir como un mantra o credo personal las sabias palabras de la humorista estadounidense Erma Bombeck: "Cuando me encuentre ante Dios al final de mi vida, espero que no me quede un solo talento y pueda decir: usé todo lo que me diste".

MÁRCATE
Potencia tu talento

Yokoi Kenji es un conferencista colombiano-japonés que se hizo famoso con el video colgado en YouTube titulado Mitos y verdades sobre Japón. Según Yokoi, se puede aprender a ser disciplinado con tres habilidades o capacidades: organización, limpieza y puntualidad.

- Con la organización se tiene un lugar para cada cosa y se optimizan las cosas.

- Con la limpieza se eliminan cosas todos los días para aprovechar los espacios; si no se elimina se acumula.

- La puntualidad es respetar la palabra; sin ella se sufre para lograr la disciplina.

3: LA CATEGORÍA DONDE TRIUNFAR

¿EN CUÁL RUBRO, INDUSTRIA O MERCADO PODRÍAS EXPLOTAR TU TALENTO? ¡CONOCE LA RESPUESTA!

Tiempo atrás me tocó la responsabilidad de manejar la Marca Personal de una ex Miss Universo. Enfrentado a aquel desafío, debí formularme una gran pregunta: ¿cuál es el talento de una ex Miss Universo? Modelar, posar para sesiones con prestigiosos fotógrafos, decorar con su presencia eventos sociales, y... permanecer callada o, cuando mucho, limitar su discurso a interceder por "la paz mundial y la infancia abandonada".

Una Miss Universo no debe inmiscuirse en la vida ajena ni menos en asuntos polémicos... ¿Pero qué pasa cuando aquella miss a la que asesoraba descubrió que su talento era ser una excelente comunicadora, que le agradaba practicar el coaching y, para colmo, disfrutaba involucrándose en la vida de los demás?

Era una relacionista pública natural, pero no se había dado cuenta. Así que me di a la tarea de desplazar la percepción que se manejaba de ella como Miss Universo, deslastrándola del tradicional rol de una siempre impecable señorita de concurso, para que fuera ella misma. Perdió mucho de miss, pero ganó en felicidad: tras tomar un camino diferente al de una reina universal de un certamen de belleza, brilló como relacionista público de una compañía internacional. Finalmente, abandonó el habitual camino de las misses, su zona pálida o lo que yo llamo "el desierto", e ingresó en el mundo de las comunicaciones. Se movió de nicho, de lugar, de mercado. De categoría. ¡Y triunfó!

SI CON LO QUE HAS LEÍDO HASTA AHORA YA CONOCES CUÁL ES TU PROPÓSITO E IDENTIFICASTE TU TALENTO, EL PRÓXIMO PASO ES **DETERMINAR EL ESPACIO FÍSICO O DIGITAL DONDE VENDER ESE TALENTO.**

Ese espacio físico o digital donde vender tu talento es lo que yo llamo categoría. Ya en páginas anteriores te adelanté que una categoría es el área del mercado donde operar para ofrecer el producto o servicio que les resolverá una necesidad a los clientes. Algunas personas lo llaman industria; otras, mercado. Pero en este caso lo denominaremos categoría pues se trata de categorizar o ubicar en cuál categoría rentabilizar tu Marca Personal.

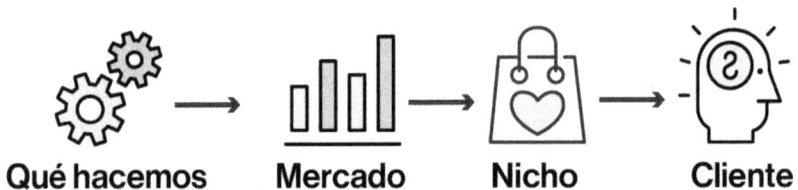

Qué hacemos   **Mercado**   **Nicho**   **Cliente**

Nicho no es igual que mercado

Antes de continuar quiero que tengas claro la diferencia entre nicho y mercado.

Mercado: es una franja amplia de consumidores dentro de un rubro dado, con necesidades, expectativas e intereses comunes. El rubro o industria de la belleza, por ejemplo, incluye los segmentos de la cosmética capilar, la perfumería, el maquillaje, los esmaltes de uñas y relacionados, etc.

Cada recorte o segmento consumidor tiene un universo muy grande de clientes, por lo que hay mucha competencia. A medida que es más generalista, son desatendidas las necesidades muy específicas o cierto tipo de consumidores porque no están visibilizados.

Es allí donde surge la mina de oro para los innovadores y cazadores de nichos: detectar aquellos consumidores "marginados" dentro de un segmento generalista de mercado.

Nicho: es la franja pequeña o no descubierta de clientes, hasta que alguien supo ponerse en sus zapatos, interpretar sus necesidades y cubrirlas. Si vamos al ejemplo de la industria de la hotelería, un buen nicho fue el hallazgo de Airbnb, que ofrece servicio de hospedaje a turistas en casas particulares, a precios asequibles. En efecto, muchos nichos se descubren por las mismas necesidades insatisfechas de los fundadores de marca, así que atento a tus propias insatisfacciones como consumidor o usuario.

Tu objetivo ahora es ubicarte en las categorías que necesitan de tu talento. Por ejemplo, Jorge Luis ha identificado su talento para hablar en público, lo cual le abre muchas puertas como speaker o conferencista, pero debe ubicarse en un medio donde explotar ese talento. Porque puede ocurrir que seas un excelente comunicador... pero trabajas como contador en una ferretería. O, por el contrario, te incomoda charlar con otras personas, pero ¡estás empleado en un call center! Ahí no estás siendo tú ni estás conectado con tu propósito y talento. Es una situación que veo a diario y por la que mucha gente me dice: "¡Con razón me va tan mal en donde estoy!". Por estar en una categoría equivocada.

Si ese es tu caso, es hora de moverte a un espacio donde puedas florecer y prosperar, abandonar "el desierto" donde languidece tu talento, y emprender en la categoría donde necesitas estar y, a la vez, te necesiten a ti.

CATEGORÍAS SEGÚN LAS EMOCIONES

Una manera de clasificar las categorías es reuniéndolas en grupos emocionales porque cuando trabajamos en una categoría, lo que buscamos es transformar a los clientes de ese ese nicho dentro de algunos de los siguientes aspectos:

Intelectual

Ser

Espiritual

Física

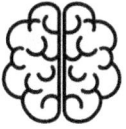

Intelectual

Profundamente analíticos, busca reflexionar sobre la realidad concreta para influenciarla y transformarla. La ciudad, la cultura, la literatura, política, la economía, la academia, la historia, la filosofía y las ideologías son materias de esta categoría. Suelen ser vehementes, ya sea criticando o apoyando el estado de cosas. En todos los casos buscan incidir en la sociedad, creando corrientes de opinión sustentadas en sus valores, estudios y convicciones. Estos profesionales suelen ser asesores, líderes de opinión, creadores de campañas políticas, etc.

Ser

Busca una transformación en la profunda esencia del ser humano. Tradicionalmente relacionado con el coaching, trabaja las distintas áreas de vida de un individuo con el fin de motivarlo, construir estrategias y concretar cambios por medio de acciones.

Es un campo muy amplio y con numerosas vertientes. El profesional en este campo orienta al individuo para alcanzar su felicidad, prepararse para un ascenso, hallar la vocación, reenfocar la carrera, evaluar opciones profesionales antes de emigrar, potenciar el liderazgo, determinar el espacio de influencia y ser más estratégico.

Contratar el servicio de un coach no siempre surge de una crisis. Muchas veces el requerimiento parte de la necesidad de superar el conformismo y conquistar nuevos espacios. La intención es sentirse satisfecho, realizado y feliz, para lo que precisa de un guía en un proceso que va desde el aspecto financiero y profesional, hasta el ámbito personal y amoroso.

Espiritual

Se basa en el desarrollo del espacio espiritual del individuo. Es un proceso para quienes buscan expandir su luz interior, así como para quienes desean traer más claridad y propósito. Muy relacionado con el punto anterior del ser, este es un recorrido por valiosas herramientas de sanación y trascendencia espiritual. En esta categoría se brindan experiencias que permiten crecer en prácticas para el equilibrio emocional y la paz interior a utilizar durante el resto de la vida, permitiendo apoyar a otros en su propio camino de crecimiento.

Física

Procura crear una transformación palpable, ya sea mediante productos o servicios que resuelvan una necesidad material. Se trata de un conjunto de características y atributos tangibles (forma, tamaño, color, etc.) e intangibles (marca, imagen de empresa, servicio) que el comprador adquiere porque le va a resolver un problema.

> UN PRODUCTO LO PUEDES PERCIBIR CON TUS SENTIDOS, YA SEA PORQUE LO VES, LO TOCAS, LO HUELES, LO OYES O LO DEGUSTAS. EN CAMBIO, **UN SERVICIO NO LO PUEDES PERCIBIR PUES SOLO SE HACE TANGIBLE UNA VEZ QUE ES CONSUMIDO POR EL CLIENTE.**

Los productos de consumo e industriales se pueden ver y tocar, por ejemplo; los servicios financieros, turísticos o de ocio, no. En todo caso, las diferentes estrategias que se aplican al producto son perfectamente utilizables en el caso de los servicios, de ahí que a veces utilizo en este libro la palabra "producto" para referirme a ambos.

MÁRCATE
Identifica tu categoría

Revisa la siguiente lista de categorías que puedes comenzar a estudiar de acuerdo al talento que identificaste en el capítulo anterior:

- Administrativo / Financiero / Contable
- Agencias Inmobiliarias
- Arte / Cultura
- Artes Gráficas
- Asesoría Fiscal / Auditoría
- Atención al Cliente / Telemarketing
- Bancos y Cajas de Ahorros
- Comercio / Tiendas / Grandes Almacenes
- Consultoría y análisis / Coaching
- Deportes / Cultura / Ocio
- Educación
- Hostelería / Hoteles / Catering
- Industria (alimenticia, automóviles, química, etc.)
- Informática: Software
- Internet / Comercio Electrónico
- Investigación y Desarrollo
- Logística
- Marketing / Ventas / Relaciones Públicas
- Medio Ambiente
- Medios de Comunicación

- Moda
- Recursos Humanos: Selección de Personal
- Salud / Medicina
- Relaciones interpersonales

Una vez revisada esta lista de macrocategorías, reduce la búsqueda a categorías más específicas. Digamos que te gusta el marketing, dentro de esta macrocategoría está la categoría de marketing de redes sociales y la social media strategist, por ejemplo. Tu tarea en este momento es ir decantando hasta terminar en un espacio que sientas tuyo.

ENFÓCATE: DELIMITA TU SELLING LINE

Jorge Luis ha descubierto su propósito de ayudar a otros, enfocándose en las relaciones de pareja. Sin embargo, también está dispuesto a servir de mediador en todo tipo de conflictos, desde infidelidad, celos, desacuerdos con la familia política, la reducción del apetito sexual, problemas de convivencia, falta de un proyecto de vida en común, maltrato físico y psicológico, entre los muchísimos factores que pueden afectar la armonía entre los miembros de una pareja.

Para su clientela sería difícil hacerse una imagen exacta de lo que Jorge Luis ofrece porque procura tocar campos tan diversos como la psicología, hasta las finanzas y la sexualidad. Para destacar con su Marca Personal, Jorge Luis debe elegir un problema y un público específicos, es decir, centrarse en un segmento de mercado concreto, que en su caso sería la mezcla de la psicología con sus profundos conocimientos en finanzas.

Eso no quiere decir que Jorge Luis no pueda aceptar resolver otro tipo de conflictos de pareja, pero para el resto del mundo sería más claro identificarlo con uno solo, lo que le permitirá responder mejor a las necesidades de un grupo en particular.

Seamos francos, no todos podemos ser unos Leonardo Da Vinci, el genio florentino del Renacimiento italiano que con igual genialidad era un pintor asombroso, anatomista, arquitecto y paleontólogo, así como botánico, escritor, escultor, filósofo, ingeniero, inventor, músico, poeta y urbanista. No obstante, hay personas que andan por la vida luciendo mínimo seis sombreros: son al mismo tiempo médicos, carpinteros y desarrolladores web, así como artistas plásticos, plomeros y novios de la madrina… es la llamada gente "multiuso" o "multitalento" que tanto abunda por ahí: hablan de todo, pero al final terminan diciendo nada. Anhelan ser referentes en alguna materia, pero no saben de cuál.

Cuando hablamos de Marca Personal, ser multiuso es contraproducente pues tu audiencia se confunde y se le dificulta relacionarte con una sola categoría. ¿Es que acaso tu médico de cabecera es la misma persona que contratas para labores de carpintería en casa y, ya que anda por tu casa, aprovechas para pedirle que te corte el cabello? Por eso desconfío mucho de aquellos albañiles que prometen montarte el techo de machihembrado, pegarte las baldosas del baño, arreglar la grifería y, de paso, diseñar y montarte los gabinetes de la cocina.

LA CREACIÓN DE LA MARCA PERSONAL SUPONE ENFOCARTE EN UN PUÑADO DE TUS TALENTOS Y QUE **LO CONVIERTAS EN TU PLAN ACTITUDINAL, EN TU BANDERA DE BATALLA**, EN TU ESLOGAN, EN TU MANTRA, EN TU FORMA DE VER EL MUNDO Y SER PRÓSPERO.

Si dudas en cuál aspecto de tu talento enfocarte, uno de los pasos más efectivos para despejar esta incertidumbre es definir tu embudo actitudinal, el cual está formado, no solamente de talento y aptitudes, sino también de actitud, esfuerzo y disciplina.

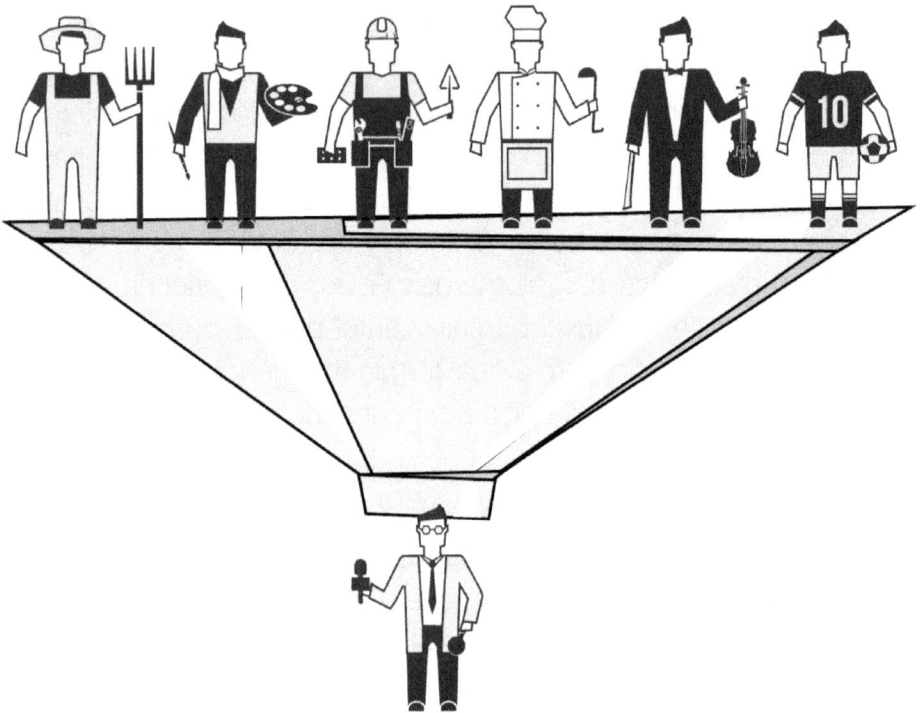

MÁRCATE
Define tus objetivos

Una de las mejores formas de mantener el foco en tu categoría es revisar constantemente tus objetivos para ser consciente de lo que le propones al mercado, ya sea ser un experto relevante en tu categoría dentro de tu país o ciudad, o convertirte en un asesor reconocido internacionalmente mediante las redes sociales.

Evita las distracciones

Para gestionar tu atención eficientemente, luego de definir tus objetivos procura evitar las distracciones que te alejan de esos objetivos porque "estar enfocado no significa concentrarse 100 % en las elecciones, sino tener la habilidad para eludir las distracciones de otras mil decisiones" repetía el coloso que fue Steve Jobs. Según estudios de la neurociencia, cada 11 minutos algo nos interrumpe, cambiamos de pensamiento cada 10 segundos y al día tenemos un promedio de 64.000 pensamientos. A cada momento estamos sobreestimulados con numerosos mensajes y alertas que en nada apuntalan nuestros objetivos, tales como son las redes sociales, con contenidos muy interesantes, por supuesto, pero que debemos elegir bien cuál consumir.

Solo se puede operar desde una sola categoría. Hay marcas personales que se comunican con su audiencia desde diferentes puntos de referencia, lo que lleva a que pierda fuerza y se difumine ante la mirada de su audiencia. Si eres asesor de finanzas, esa es tu categoría y puedes comunicarte a un público ubicado en diferentes niveles, ya sean empresarios, emprendedores o desempleados, pero procura no salirte de ese gran paraguas temático.

Selling line: enfoca tu talento

- Con una marca enfocada, las personas te sabrán identificar rápidamente, pues enseguida hacen la conexión entre lo que tú representas y solucionas, y la posible resolución de una necesidad específica.

- Delimitando tu talento estarás en camino a conquistar el lugar soñado del marketing: el "top of mind", que no es más que estar de primero en la lista de los pensamientos del consumidor ante una necesidad o intención de compra. Estar de primero en los recuerdos de tu nicho no tiene precio.

- Refinas tu experiencia y conocimientos, pues enfocarte en tu talento te impulsa a profundizar en aquello que te apasiona, que dominas y con lo que resuelves las necesidades de tu público. Al final, sumas no solo experticia, sino reputación y fidelidad.

- Te facilita el conocimiento de tus consumidores a través de grupos de redes sociales y de mensajería, páginas web, foros, asociaciones y alianzas, pues naturalmente vas encontrándote con personas dentro de tu esfera de intereses y que debes mirar como tus potenciales consumidores.

- Puedes afinar el oído para detectar las nuevas necesidades de tu audiencia, pues minimizas las distracciones. Conectar y saber escuchar a tus potenciales consumidores, desde cualquiera de las opciones del punto anterior, te provee de preguntas, ideas y nuevos ángulos de visión para innovar dentro tu propia oferta de servicios o productos, respondiendo a necesidades emergentes o descubriendo vetas que podrían convertirse en nuevos nichos dentro de tu mercado.

Solo enfocándote en una categoría se forma el llamado selling line, cuya traducción al español sería línea de venta. En el caso de Jorge Luis sería:

- **Industria:** es el área donde operas. Por ejemplo, crecimiento personal, que forma parte de ser.

- **Categoría:** subárea de la industria. Para seguir con el ejemplo de Jorge Luis, parejas en conflicto.

- **Dónde se aplica:** campo reptiliano.

Así, el selling line sería: Coach transformacional del ser.

Industria: crecimiento personal

Categoría: parejas

Dónde se aplica: campo reptiliano

MÁRCATE
Incursiona en tu categoría

Te animo a responder las siguientes preguntas no solo para descubrir tu categoría, sino también para identificar tus primeros pasos en ella:

- **¿Cuál es el resultado de tu servicio o producto?** Aunque el tema del producto lo toquemos más adelante, es conveniente comenzar a reflexionar desde ya sobre lo que la gente recibiría al contratar o comprar tu producto o servicio generado por tu talento.

- **¿Qué esperan las personas de ti?** Ya sea un cambio en su manera de ser, mejor relación de pareja, o más dinero, etc.

- **¿Cómo los clientes de tu categoría describen a tu competencia?** Es importante descifrar cómo tu mercado define y evalúa a tu competencia, ya sea que la denominen como "una maravilla orientando parejas" o "excelente para obtener resultados económicos".

- **¿Cuáles son las palabras de acción en tu categoría?** Se trata de identificar los verbos más comunes dentro de tu categoría, como podrían ser transformar, cambiar o asesorar.

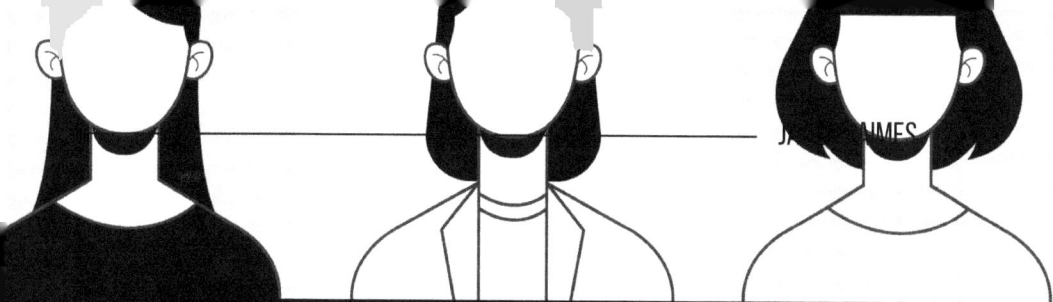

4: IDENTIFICA TU TARGET

A PARTIR DE ESTE CAPÍTULO COMIENZA LA ETAPA PIEL AFUERA. ¿POR QUÉ? PORQUE, AL FINAL DE CUENTAS, TU MARCA PERSONAL NO ERES SOLO TÚ, SINO LA SOLUCIÓN QUE EL MUNDO ESPERA DE TI

J orge Luis quiere ayudar a las parejas a mejorar su relación deteriorada por conflictos en materia financiera. Su título de Psicología, en combinación con nociones de finanzas personales, lo capacitan para desempeñarse con éxito en esta categoría, con lo que ha logrado un gran avance desde aquella mañana en que estuvo paralizado frente a un semáforo sin siquiera saber qué hacer con su vida. ¡Pero aún le queda un largo camino por recorrer!

Entusiasmado por el rumbo que promete tomar su destino, enciende su laptop y accede a su cuenta en Facebook para, de buenas a primeras, abrir un grupo donde comenzar a compartir sus conocimientos y soluciones. Pero... ¿a quién busca hablarle Jorge Luis a través de ese grupo? ¿A las parejas de 40 años que se han separado por peleas en el área financiera?, ¿a las parejas jóvenes que han decidido alquilar un pequeño apartamento para vivir juntos?, ¿a los recién casados que deciden iniciar un emprendimiento?, ¿a las parejas ancianas que apenas cubren sus necesidades básicas con el reducido cheque de jubilación?

Si has llegado hasta aquí, quiero hacerte una pregunta: ¿crees que hasta ahora hemos trabajado tu Marca Personal? Umm... yo no me atrevería a afirmarlo a la ligera. ¿Por qué? La Marca Personal es lo menos personal que tenemos: cuando ya conoces tus talentos, tu propósito y en cuál categoría desarrollar ese talento y propósito, debes identificar qué gente se ubica dentro de esa categoría, así como cuáles son sus problemas y necesidades.

La Marca Personal no es solo presentarte como el más impresionante y diferenciador experto en tu área, sino identificar a quiénes necesitan de ti, para luego descubrir en ellos los problemas que puedes solucionar mediante tu talento y tu propósito en acción. Por eso, de aquí en adelante, la Marca Personal deja de ser solo tú y crece hasta cubrir el target al cual le resolverás una necesidad.

PRIMERO, ¿QUÉ ES TARGET?

En este punto conviene conocer el término target, anglicismo que en español significa "objetivo", "blanco" o "meta", es decir, el grupo específico de la población al que vas a dirigir tu producto o servicio.

Parece una obviedad, pero cada día me sorprende cómo muchas empresas llevan años en el mercado sin tener muy claro al target al que se dirigen. Al momento de salir al mercado, sobran los emprendedores que no buscan problemas para solucionar, sino que deciden que ellos son una solución y como tal se ofrecen en el mercado o categoría. Pero no saben a qué problema apuntar.

Esa es una orientación errónea porque se estaría comenzando al revés, desde el final: no se han identificado los problemas cuando ya se está promocionando una solución. De proceder de esta manera, la Marca Personal queda a medias porque se está presentando desde su yo y no desde la solución del problema.

TU PRODUCTO TAMPOCO ES TU TARGET. EL TARGET ES LA DEFINICIÓN DE **TU CLIENTE IDEAL Y SUS NECESIDADES.**

Es un aspecto más detallado que la categoría o el nicho, pues hablamos de la persona específica que necesita de tu producto o servicio.

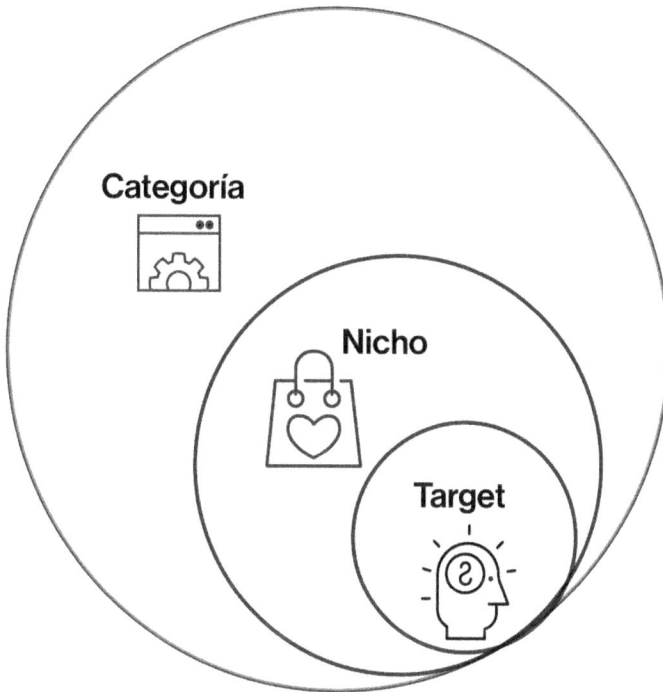

Por ejemplo, te encanta el ejercicio físico, comer saludable y sabes comunicarte, una combinación perfecta para desarrollar tu Marca Personal como trainer; pero si no conoces a tu target, saldrás al mercado a gritar a los cuatro vientos: "Aquí estoy, yo soy personal trainer, y como me encanta comer saludable y hacer ejercicios, te puedo ayudar a que tú también lo hagas". ¡A la gente le importa poco eso!

Tus clientes potenciales son personas que enfrentan sus problemas particulares, quizá algunos atraviesan un divorcio y la ansiedad les hace comer de más, o su jornada de trabajo les deja poco tiempo para realizar actividades físicas, en fin, hay tantos problemas como personas. Así que tienes que dar primero con el problema. Probablemente tengas en un nicho en particular una variedad de gente con distintos dolores que tú no conoces, pero no te puedes presentar como la solución a algo que no te han preguntado.

Hasta "no hacer nada" es una solución

Seguro te sorprenderás tanto como me sorprendí yo cuando supe la historia de un hombre japonés cuyo talento era no hacer nada ¡y lo alquilaban para eso a cambio de $100 con viáticos pagos! Me llamó la atención el título del artículo, que leí en el portal de BBC Mundo: "La gente me alquila todos los días para que no haga nada": el negocio de un hombre en Japón que recibe miles de solicitudes". Y la carcajada estalló cuando leí el pie de foto: "Morimoto descubrió que hacer algo se le daba mal y que quizás era buena idea sacarle provecho a su talento para hacer nada". "No hago más nada que no sea comer, beber y dar respuestas simples". Pero no te creas. Hecho el tonto, resuelve tantos dolores o problemas como sus numerosos clientes: acompañarlo a hacer compras, ojear algún proyecto y dar su opinión con la garantía de ser "desinteresada", acompañar a alguien para que no almuerce solo ¡El tipo descubrió un nicho inexplorado!

DESCUBRE EL DOLOR DE TU TARGET

Es crucial identificar el dolor de tu target. Lo denomino "dolor" pues se trata de un término muy utilizado en el marketing, y que se refiere a una circunstancia o condición incomoda o angustiante. Cuando las personas sienten un dolor, por lo regular acuden a un médico para aliviarlo o hacer que desaparezca. De allí esta efectiva analogía: cuando conoces el dolor de tu cliente, conocerás también el driver o motivación que le impulsa a adquirir lo que le ofreces con tu Marca Personal.

LA MARCA PERSONAL NO SE LEVANTA UNICAMENTE SOBRE TUS HABILIDADES, TALENTOS Y PROPOSITO, SINO QUE LAS CREAS FUNDAMENTALMENTE **SOBRE LA BASE DE LOS PROBLEMAS QUE ENFRENTA TU TARGET.**

Sigamos con el ejemplo del personal trainer: tras investigar en esta área, podría descubrir que muchos inmigrantes necesitan aprender a nutrirse mejor porque provienen de países donde los alimentos son más naturales y saludables, pero han llegado a Estados Unidos, ¡donde hasta el agua "engorda"! ¿Cómo podrías presentar tus servicios? Una alternativa enfocada en el problema sería presentarte como un personal trainer experto en cambios de hábitos migratorios.

Para identificar ese dolor recurramos a la teoría divulgada por Jurgen Klaric, quien sostiene en su libro Véndele a la mente, no a la gente, "que somos seres humanos programados con unos códigos inherentes en nuestro cerebro por los cuales actuamos y decidimos en base a ellos: anarquía, felicidad, control, dominación, reproducción, placer, seguridad, protección, trascendencia, unión de la tribu, exploración y movimiento son los principales. Siempre pregúntate dónde está el reptil de tu producto/servicio, todos tienen una necesidad reptil (a veces varias), pero siempre hay una que es el instinto más básico, el más biológico, que será al que hay que señalar y será tu código reptil. Pregúntate si tu producto/servicio activa el control, la exploración, el placer, la dominación, la seguridad, el reconocimiento, la trascendencia o cualquier otro. Y, cuando descubras cuál es, úsalo".

Este experto pone varios ejemplos a tomar en cuenta, como es el caso de la Coca-Cola, cuyo motivo reptiliano a resolver entre sus consumidores es la felicidad; mientras en los servicios turísticos serían la exploración y el placer. En los casos de tomar pólizas de seguro, planes de pensiones y compra de casa propia, el reptil operante sería el resguardo y la unión de la tribu. "Los hombres, por ejemplo –sostiene Klaric-, no compramos un simple reloj: compramos un instrumento de admiración, de dominación y de supervivencia".

MÁRCATE
Identifica el código reptiliano

En la siguiente lista, encuentra la clave o código reptiliano de tu target, y adáptalo a tu discurso de venta cuando te comuniques con tu potencial cliente:

Segmento: sector poblacional definido por sus características demográficas.

Código reptiliano:

- **Trascendencia:** Supervivencia del gen.
- **Poder:** Dominación.
- **Reto:** Reconocimiento individual.

- **Placer:** Satisfacción.
- **Control:** Orden.
- **Pertenecer:** Aceptación Social.
- **Seguridad:** Protección.
- **Libertad:** Autonomía.
- **Exploración:** Descubrimiento.
- **Familia:** Herencia, resguardo.

Cuál miedo: a partir del código reptiliano, el miedo viene siendo el dolor que afecta a tu target, ya sea tener la familia desunida o no generar buenos recuerdos. ¿Cómo se descubre ese miedo? Una mejor manera es preguntándole al propio target sobre sus temores y aspiraciones. También puede recurrirse a referencias de terceros relacionados con ese target.

Te pongo el ejemplo de Jorge Luis y su recién emprendida actividad como terapeuta de pareja: hay muchos dolores para las soluciones que ofrece este tipo de profesional, desde falta de comunicación, rupturas por infidelidad o celos desmedidos. Si su talento es comunicarse y conciliar a las parejas con desencuentros en el área financiera, la búsqueda apunta hacia los dolores que sufren las personas en este sentido:

Segmento   +   Reptil   +   Cuál miedo

SEGMENTO	REPTIL	MIEDO
Pareja con hijos	Seguridad	• Tener la familia desunida. • No generar ingresos satisfactorios.

Cuando Jorge Luis profundiza en los orígenes del dolor de su target, descubre que uno de los factores de discordia más comunes en las parejas es el manejo del dinero. Claro que Jorge Luis no puede ayudarlos a hacer dinero dándoles consejos específicos de montar un emprendimiento, por decir algo, pero sí puede asistirlos en hablar sobre el tema porque su talento está al servicio de la comunicación. De tal forma que puede crear un producto o una imagen de terapista de las relaciones que se rompen por falta de comunicación sobre el tema del dinero. O crear el libro "Que el dinero no rompa tu relación" o "No metas el dinero en la cama". ¡Ideas sobran en tan rico campo de posibilidades!

MÁRCATE
Elige un solo dolor

Un problema de la Marca Personal mal aplicada es que les dispara a todos los pájaros del cielo, es decir, a todos los dolores que identifica en su target, cuando lo ideal es concentrarse en un solo dolor. Así que, una vez identificados los dolores de tu target, si tuvieras que elegir uno... ¿cuál sería?

DEFINE A TU BUYER PERSONA

Los problemas no andan solos, los problemas tienen dueño. De allí que cuando te preguntes qué problema solucionas, esa solución vendrá con gente adentro porque cada problema tiene personas involucradas.

EL BUYER PERSONA ES UN MODELO DE **CLIENTE IDEAL DE UN SERVICIO O PRODUCTO.**

Definir el perfil de buyer persona es útil para identificar sus inquietudes, intereses y dolores. Para tener una imagen clara de tu buyer persona, debes reunir mucha información a partir de los siguientes elementos:

Información sociodemográfica

Sexo, edad, clase social, estado civil (soltero/casado, "rejuntado"/viudo), nivel socioeducativo, ingresos, autonomía financiera, aspiraciones, etc.

Información personal

Datos un poco más cálidos, nos acercan al dolor de nuestro buyer persona, como sus resortes emocionales, qué le mueve a elegir o desechar opciones. Su experiencia e historia, expectativas y angustias dentro de su entorno más cercano, valores y visión del mundo, sus maestros, influenciadores, las personas capaces de incidir en sus elecciones, preocupaciones, y hasta sus hobbies y "placeres culposos".

Información laboral y académica

En qué trabaja, si es profesional independiente, estudiante, si está empleado, en qué rubro o sector se ubica, retos académicos, las personas que lo inspiran, necesidad de control o aceptación, actitud en equipos de trabajo y ante la autoridad, aspiraciones, insatisfacciones o frustraciones, expectativas ante el futuro, etc.

Su comportamiento en línea

Cuando la frontera entre lo virtual y lo físico cada vez se estrecha más por obra de los algoritmos, es importantísimo indagar la presencia de nuestra buyer persona en el mundo virtual, como las redes que utiliza y en qué tono, qué comparten más a menudo, qué critican o recomiendan, qué tipo de contenidos consume en línea y en cuáles formatos, grupos y foros virtuales a los que pertenece, si compra en tiendas digitales o plataformas de e-commerce, canales de streaming habituales, qué dispositivos utiliza para conectarse, tipo de entretenimiento, etc.

Actitud ante tu servicio o producto

Es importantísimo indagar en el por qué te eligió y cómo llegó a ti, qué necesidad específica le resolviste, qué preguntas tiene, grado de satisfacción, cómo sería su producto o servicio ideal para resolver su necesidad o dolos específicos, etc.

Después de detectar los dolores, identifica quiénes son las personas que los padecen. Toma papel y lápiz, y describe a esas personas para saber quiénes son. Por ejemplo: Juan de 25 años, que vive en la ciudad de Miami, de ascendencia venezolana, tiene dos carros y está endeudado. Tras identificar a la persona, utiliza la demografía, es decir, dónde vive y qué hace:

Estudios: _____

Edad: _____

Ingresos: _____

Historia: _____

Aspiraciones: _____

Situación actual o dolor: _____

Productos y servicios: _____

Copy venta: _____

¿Qué problemas le resuelvo?: _____

¿Qué beneficios puedo aportarle con mis talentos?

_____

_____

_____

_____

¿Por qué es importante para él lo que yo le ofrezco? ____

_____

_____

¿DÓNDE ESTÁ TU BUYER PERSONA?

A Jorge Luis le parece una idea estupenda incursionar en el mundo de las consultas y conferencias porque descubrió que su talento es comunicarse y que su propósito es servir a las personas para que mejoren sus relaciones de pareja. Pero ahora necesita ubicar a las personas que sufren de relaciones tóxicas por causa del dinero, y ayudarlas con su talento.

La clave en este punto es detectar en cuáles lugares, ya sea físicos o virtuales, se agrupa el target cuyo dolor ya Jorge Luis identificó. Y es que comunicarse desde el lugar incorrecto echará por la borda todos sus esfuerzos, como cuando te invitan a una fiesta en la que está presente alguien a quien quieres seducir, pero esa persona está sentada en otra mesa. Es decir, estás en la fiesta pero en la mesa equivocada ¡Tienes que sentarte en la mesa correcta! Para ello, te sugiero respondes las siguientes preguntas sobre la ubicación de tu target:

- ¿Dónde está?
- ¿Yo estoy donde él está?
- Si estoy, ¿estoy donde debería estar?
- ¿Estoy yo o están mis productos?
- ¿Cómo debería estar?

También puede ocurrir que estés sentado en la mesa adecuada, pero no logras comunicarte efectivamente para rentabilizar tu Marca Personal. Por ejemplo, si publicas constantemente en un grupo en Facebook donde está presente tu target, pero tus publicaciones solo buscan exhibir tu ego o relatar los éxitos de tu vida, pierdes el tiempo porque no te estás enfocando en la solución que ofrece tu Marca Personal y, por lo tanto, no vendes con efectividad.

Elige el enemigo y el campo de batalla

Al momento de tratar a sus pacientes, los nutricionistas no se refieren específicamente a la gordura o la grasa corporal, sino al consumo excesivo de azúcar o la falta de ejercicio físico. Esto se debe porque es más útil sacar a relucir al enemigo a vencer, que al dolor que tal enemigo genera. Así que al momento de comunicarte con tu audiencia, no te refieras directamente al dolor, sino a la fuente de ese dolor, es decir, al enemigo, quien siempre se desarrolla en un lugar específico. Ese sería el campo de batalla, que no es más que el espacio donde lucharás en contra de ese enemigo, ya sea mediante consultas personalizadas, conferencias, cursos, publicaciones en redes sociales, videos en YouTube, etc.

NIVEL DE INCLUSIÓN DEL TARGET

Para vender con eficacia a tu target debemos tener bien identificados los niveles de inclusión. ¿Qué significa esto? Aquí la clave es especializarte para desarrollar tu talento y rentabilizarlo mejor. Te lo explico con el siguiente gráfico:

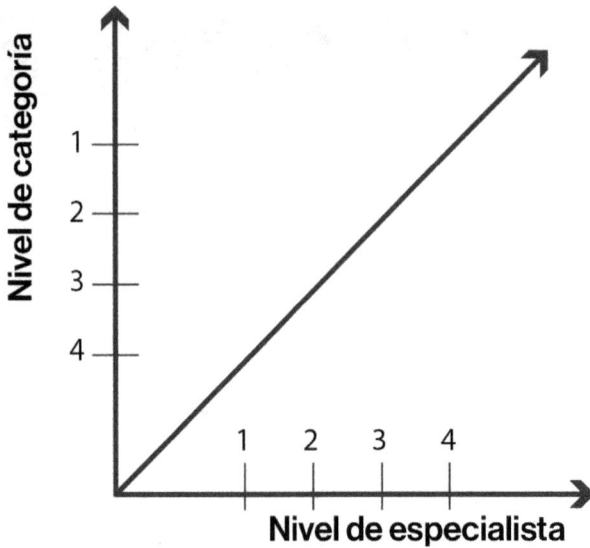

Las categorías se dividen en niveles de satisfacción: cuando las personas han probado una solución, buscan avanzar hacia un nuevo nivel de satisfacción y desarrollo. Por ejemplo: tras completar un primer curso de desarrollo personal (nivel 1), Jorge Luis se interesó en los muchos resultados ofrecidos por la neurolingüística, por lo que tomó otros cursos y seminarios (nivel 2), para convertirse en asesor (nivel 3), en un recorrido con el que aspira a convertirse en especialista en el área (nivel 1).

A medida que Jorge Luis se especializa, sube de categoría o especialización, con lo que va ampliando su campo de venta; de manera que cuando logra llegar al nivel 4, ya puede venderle a los niveles 3, 2 y 1. Los productos no son iguales para los miembros de cada categoría, sino que se enfocan en el grado de experiencia o conocimiento de los miembros de cada categoría, mientras el precio de sus productos o servicios sube a medida que avanza en la cuesta de la especialización (mientras más especializado, mayor el precio) debido a que estás aportando más valor a la resolución del problema.

Supongamos que tú manejas un nivel 1 de habilidad para las redes sociales, es decir, conoces las redes más importantes, eres bueno creando diseños y sabes escribir publicaciones atractivas, pero hasta ahí. Como nivel 1, le puedes vender tu solución a otra persona que desconoce totalmente del tema o se encuentra en tu mismo nivel 1. A medida que estudias y ganas experiencia, tu talento se desarrolla y avanzas hasta el nivel 2, donde habrá personas que también necesitan de ti. Ahora podrás venderles a los del nivel 2, pero también a los del nivel 1. Así vas puliendo tu talento hasta llegar a un tercer y cuarto nivel.

A medida que tu Marca Personal crece en habilidad y experiencia, tienes más posibilidad de mercadearte dentro de todos los cuadrantes de tu categoría. Pongo el ejemplo del escritor y orador motivacional estadounidense Tony Robbins, una superestrella dentro de su área. ¿Cuál es la estrategia multimillonaria de Tony Robbins? Les vende libros de 10 dólares a quienes están en el primer nivel, pero también brinda asesorías personales a conferencistas que esperan alcanzar el mismo cuarto nivel de Robbins, y que están dispuestos a pagar 250.000 dólares por una consultoría. Entre los beneficios que puedes obtener están:

- **Mayor fidelidad:** aprecian lo que haces por ellos y la forma cómo son resueltas sus necesidades.

- **Clientes rentables:** es mejor ser un gran jugador en un nicho pequeño, que ser un jugador pequeño en un gran nicho.

- **Mejores precios:** están dispuestos a pagar un precio mayor por obtener mejores soluciones pues no todos los clientes desean productos más baratos.

- **Mayor diferenciación:** la especialización es una de las principales marcas diferenciadoras.

- **Menos competidores:** en pequeños nichos la cantidad de competidores es menor.

5: CREA TU IDENTIDAD

CONOCE LOS DISTINTOS TIPOS DE IDENTIDAD DE TU MARCA PERSONAL Y **LOS CANALES** MÁS ADECUADOS PARA LOGRAR TUS OBJETIVOS

Convencido de la importancia de las redes sociales para proyectar la Marca Personal, Jorge Luis no lo duda dos veces y abre su perfil en todas y cada una de las redes existentes en la actualidad, desde Instagram a Facebook, hasta Twitter y Tik Tok. "Resuelve conmigo tus desacuerdos de pareja en materia financiera", anuncia tan campante en una de sus primeras historias publicadas en estas redes.

Jorge Luis busca proyectar una imagen rompedora mostrándose desenfadado y hasta "chistoso" en el tono que utiliza al momento de grabar su mensaje. Para apuntalar esta imagen, viste la camiseta cómoda y de material elástico que usa para ir al gimnasio, olvida afeitarse por aquello de la naturalidad tan de moda actualmente en las plataformas sociales, y hasta se permite salpicar su publicación con una que otra grosería como ya varias veces ha visto pronunciar a los influencers juveniles que tanto admiran sus hijos adolescentes en Tik Tok. "¡Esto va a ser de impacto!", se dice a sí mismo al momento de publicar aquella historia carente de una intencionalidad definida.

Recuerda que la marca es una percepción de la realidad, por lo que es esencial que cultives cuidadosamente cómo proyectas esa percepción: cuando te tomas el tiempo para definirte y presentar esta definición a tu audiencia, obtendrás los beneficios que conlleva llevar el control de tu Marca Personal. No obstante, si no conoces bien a tu audiencia y no has identificado con claridad dónde encontrarla, como le ha pasado a Jorge Luis, lo más seguro es que proyectes una identidad contraria a tus objetivos.

La percepción es la punta del iceberg de lo que la gente cree que eres tú, mientras la identidad es lo que está debajo, lo que empuja la percepción hacia arriba. El producto es una derivación de la identidad: cuando desglosas el producto en fragmentos de tu Marca Personal, verás que cada parte refleja tu identidad.

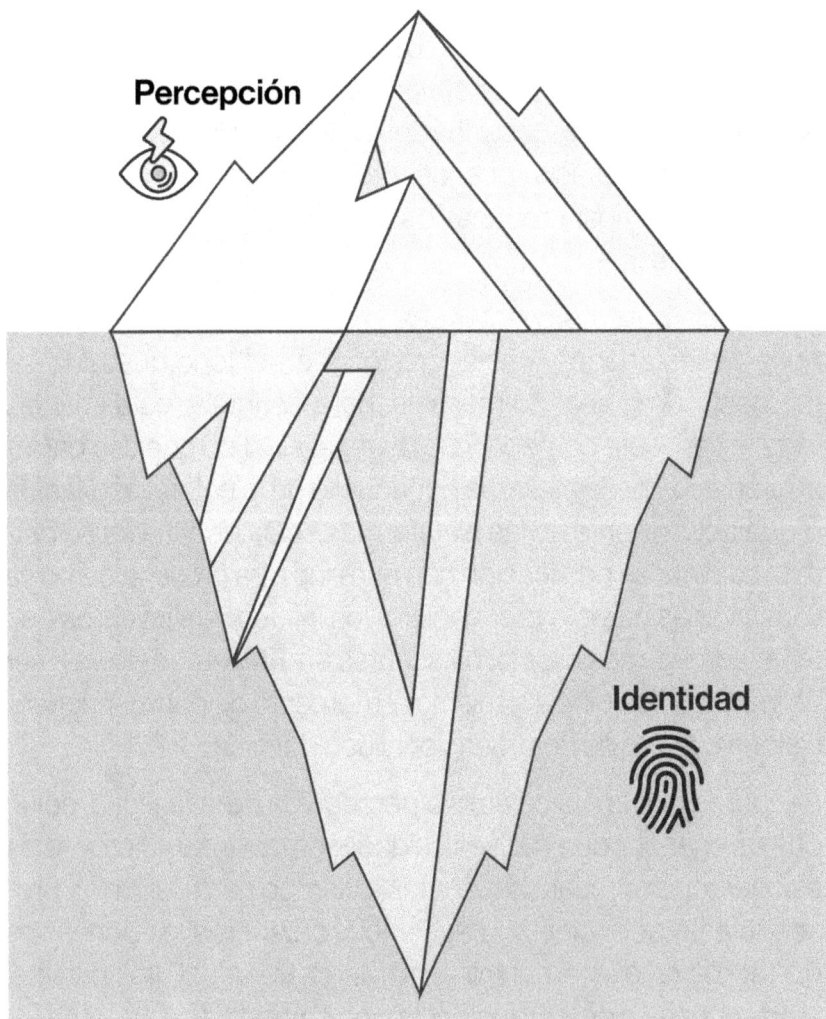

Percepción

Identidad

Si no te tomas el tiempo de "marcarte" a ti mismo con una intencionalidad específica, el propio mercado te marcará y puede que no lo haga de manera favorable. Los clientes pueden atraer atención negativa a una compañía o individuo, y la atención puede escalar fácilmente en el tribunal de la opinión pública.

ES FÁCIL SUBESTIMAR LA IMPORTANCIA DE LA MARCA PERSONAL Y EVITAR PARTICIPAR ACTIVAMENTE EN ELLA; SIN EMBARGO, **LA MARCA SE GENERA YA SEA QUE PARTICIPES O NO EN SU CREACIÓN.**

Ahora aclaremos bien qué entiendo por identidad:

Identidad de marca es el conjunto de rasgos que definen los valores y propósito de tu propuesta de valor.

El objetivo de la Marca Personal no es pedirle al mundo que te mire y diga qué linda o lindo eres, o qué estupendo vistes. No. Muchas personas confunden la Marca Personal con la imagen personal, con el mírenme, óiganme y contémplenme que tanto resuena hoy en las redes sociales. Y no es así pues la Marca Personal no es la imagen personal, sino la suma de muchos factores, no solo tu aspecto o los colores de tu logotipo.

Esos aspectos externos serán consustanciales a tu identidad y nombrarán tu marca siempre que respondan a los valores que manejas y a tu propósito, que no es otro, como te he dicho, que resolverle un problema, cubrir una necesidad o aliviarle, "a tu manera", un determinado dolor al cliente. Como la culebra que se muerde la cola, la identidad es un todo circular en el que envuelves a esa persona en una experiencia única y diferenciada al ofrecerle esa respuesta que busca en ti porque tu imagen, colores y hasta tu visión del mundo hacen que resuenen con él, mueven sus resortes, su ser reptiliano. Entre las razones para definir una identidad de marca están:

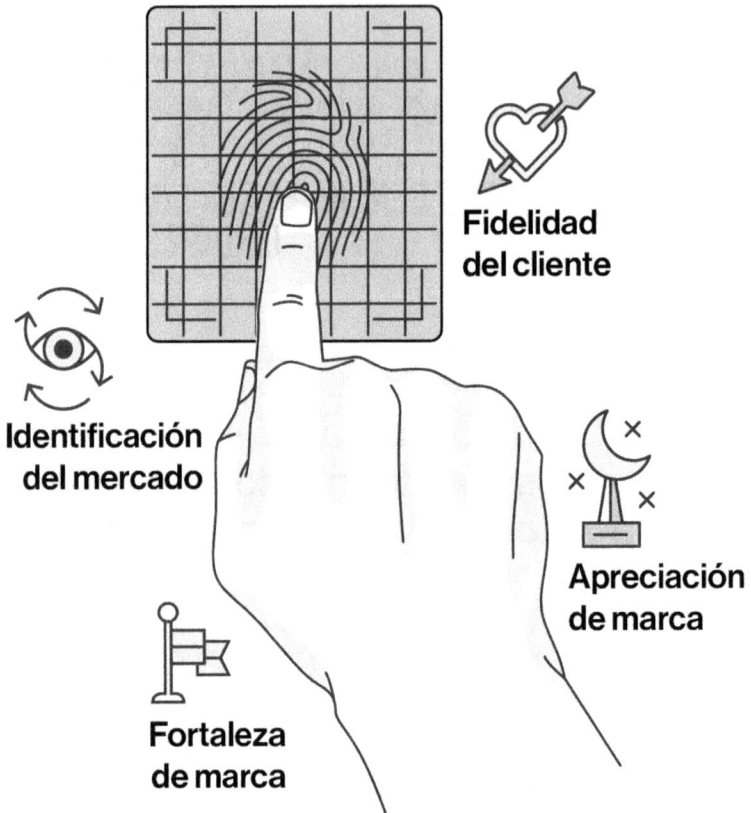

Fidelidad del cliente

Identificación del mercado

Apreciación de marca

Fortaleza de marca

Fidelidad del cliente

Seguro tienes algún conocido que, desde que compró su primer Corolla, "se casó" con Toyota. Esto no solo es porque ciertamente este auto es de la mejor calidad y de precio relativamente asequible, sino por la muy japonesa preocupación por los detalles, valor que percibe el cliente como una deferencia hacia él y con la cual se siente agradecido, admirado y confiado, como en un buen matrimonio.

Y el logo le da la razón: tres elipses que representan el corazón del cliente, del producto y de la propia marca, que abraza elegantemente a ambos. La fuerte conexión se da entonces por un buen producto derivado de la rotunda identidad de esa empresa. Porque, ante todo, una marca, como las personas, es una tentativa de comunión con el otro. Y para comulgar contigo tienen que saber quién eres y qué se puede esperar de ti.

Apreciación de marca

Una buena apreciación de marca es el santo grial del marketing, para lo cual debe invertir todos los esfuerzos posibles con el fin de mantener la cercanía con el consumidor y entrar en su corazón y en su mente, más allá del bien que pone a su disposición. Aunque las redes sociales han puesto de moda el concepto de "comunidad", la verdad este es un antiguo anhelo de todo proveedor bien plantado y con visión de futuro.

Lo saben desde megaempresas tipo Google, MasterCard o Apple, que mantienen su propia feligresía con conversaciones donde reiteran sus valores y méritos, hasta el barbero que hace su buen trabajo con la cercanía de un amigo. El cliente de aquellas empresas, o del barbero, será entonces la caja de resonancia de los atributos de la marca y él solito, te lo aseguro, se encargará de "evangelizar" a otros en aquello en lo que cree y aprecia. Sino, pregúntale a un usuario de Apple. O al dueño de un Corolla...

Identificación del mercado

Una identidad sólida permite conectar con aquellos que se identifican con los atributos de tu marca, segmentando o diferenciando tu mercado de clientes, hablándoles en su propio idioma. Estar muy consciente de lo que se es, y decirlo a los cuatro vientos, es clave para invertir este esfuerzo en conquistar el segmento de clientes que te interesa y lograr que te elijan a ti en vez de al vecino.

Una identidad bien plantada permite lograr una mejor identificación en doble vía, marca‹—›consumidor, con lo que le pondrás más difícil a tu competencia la seducción de tus clientes con trucos baratos.

Fortaleza de marca

Tener una sólida identidad de marca permite saber lo que eres, lo que quieres y hacia dónde te planteas llegar, facilitando la planificación del negocio a mediano, corto y largo plazo, así como la conversación que sostendrás con tu cliente en todo momento. Ello te asegura una permanente escucha para garantizar su satisfacción y valoración positiva.

Me viene a la mente, por ejemplo, Nike con su lema "Just do it" (Solo hazlo), que todos conocemos. Su identidad es tan poderosa que en su última campaña se atrevió a "negar" su frase emblema para animar a que "por primera vez, no lo hagas" ("For once, don't do it"), tomando partido contra el racismo a propósito del caso de George Floyd, asesinado por un policía blanco en Minneapolis, EE. UU. Con ello marcó un hito muy bien valorado tanto por los expertos en mercadotecnia como por la sociedad, si vemos los casi seis millones de "me gusta" que cosechó en Instagram.

LAS 4 IDENTIDADES DE TU MARCA

¿Qué emociones, palabras o elementos gráficos vienen a tu mente cuando piensas en Coca-Cola? ¿Su fluido logo rojo? ¿La tradicional forma de reloj de arena de la botella? Sobre todas estas apreciaciones, la frescura es una de las percepciones distintivas de esta bebida con décadas en el mercado: tu percepción se ha alineado con la identidad de marca que esta bebida siempre ha pretendido conseguir entre su audiencia.

CADA VEZ QUE USAS UN PRODUCTO, CREAS TU PROPIA PERCEPCIÓN ACERCA DE SU MARCA. PERO **LA IDENTIDAD NO ES ESTÁTICA Y NO DEPENDE DE LO QUE TÚ HAGAS,** SINO DE LO QUE EL CLIENTE NECESITA.

La percepción de la identidad de marca ofrece las siguientes sensaciones:

- Comprensión
- Conexión instantánea
- Crecimiento personal
- Tranquilidad
- Compañía
- Controversia
- Fascinación
- Admiración
- Empatía
- Entretenimiento
- Educación

Dependiendo de tu identidad, puedes generar cualquier de estas sensaciones siempre y cuando operes con la intencionalidad correcta. Una vez que conoces a tu target, empieza a desarrollar los elementos de tu identidad de marca tomando en cuenta los 4 tipos de identidades existentes para capturar a tu audiencia:

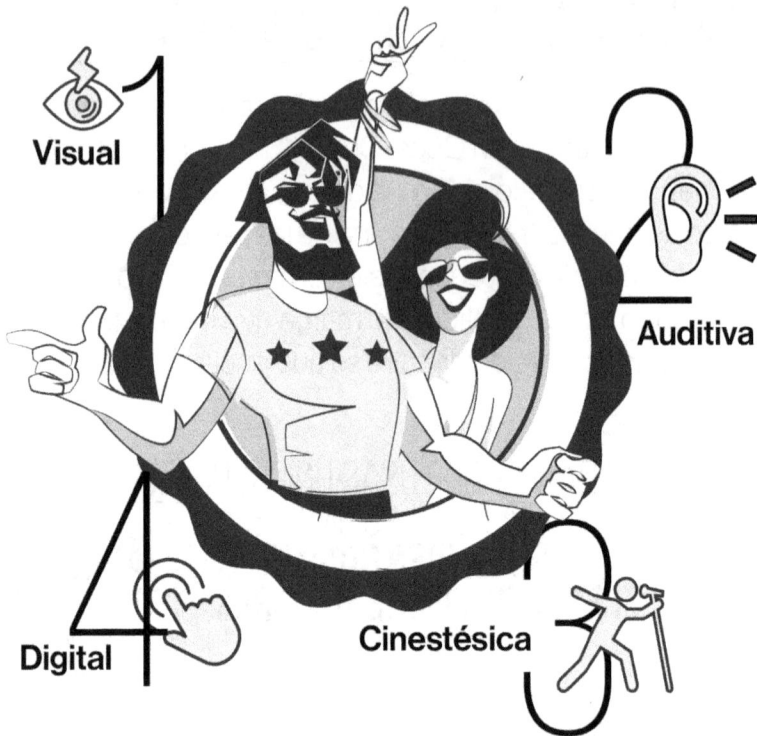

Visual

Auditiva

Cinestésica

Digital

IDENTIDADES			
VISUAL Lo que ven	**AUDITIVA** Lo que oyen	**CINESTÉSICA** Lo que sienten	**DIGITAL** Percepción digital
Logo	Audios	Tono	Agrupa las identidades anteriores pero mediante los códigos de las plataformas digitales.
Colores	Jingles	Volumen	
Tipografía	Intros	Ritmo	
Fotos	Eslogan	Contexto	
Bio		Historia	
Plantillas			

Expliquemos cada una de estas cuatro identidades, y cómo abordarlas exitosamente:

IDENTIDAD VISUAL

La identidad visual es todo aquello que entre por los ojos de tu audiencia. No diría que es la más importante, pero sí es la que ejerce mayor impacto inicial pues de ella nace la primera percepción del cliente sobre la marca: somos lo que básicamente generamos en una primera impresión, y esa primera impresión se afinca sobre el aspecto visual. De acá nace un aspecto decisivo de la Marca Personal: la imagen personal.

El universo corporativo de las grandes marcas ha dejado con su práctica extraordinarias lecciones que puedes tomar en cuenta al momento de definir la identidad visual de tu Marca Personal, por muy modesta o incipiente que sea. Revisemos los aspectos más importantes:

Colores

Las grandes marcas han invertido millones de dólares para generar percepciones de los colores y así posicionarse en la mente de las personas. Por ejemplo, el rojo en una botella remite de inmediato a Coca Cola, mientras el azul utilizado en un mismo envase dirige la atención hacia su archirrival en el mundo de las colas negras, la Pepsi Cola.

CON LA APLICACIÓN DE DIFERENTES COMBINACIONES DE COLOR ES POSIBLE **POTENCIAR LAS ESTRATEGIAS DE MARKETING.**

Lo primero que tenemos que conocer es la carga emocional de los colores, y cómo aplicarla a nuestra Marca Personal para que destaque su identidad, ya sea apasionada, aventura, cercana o enérgica. El empleo consciente del color en tu marca es clave en tu identidad, pues apela a los resortes de la percepción del cliente:

- Te identifica rápidamente, a través del sentido protagónico de la vista.
- Tocas su emocionalidad, por la carga psicológica de los colores.
- Mantienes tu presencia, sin mayores esfuerzos, en el segmento de clientes que te interesa.

Por ello es tan importante que identifiques desde el principio los colores de tu marca, y que mantengas esa consistencia cromática, puesto que a través de ella las personas sentirán la afinidad y conectarán con las emociones que esos colores generan o los valores culturales asociados a ellos. Traigo aquí dos casos emblemáticos: Mobil, cuyos colores azul y rojo están muy bien pensados para generar la sensación de fuerza (rojo) y de protección o seguridad (azul) que desea dejar la marca en su audiencia; y la marca de autos BMW. ¿Te has preguntado el porqué de sus colores azul y blanco del círculo interior? Representan el cielo cortado por una hélice, con lo que la empresa alemana apela a su trayectoria como fabricante de aviones durante la Segunda Guerra Mundial.

Esto nos dice la importancia de que los colores se desprendan de la identidad de la marca, recogiendo de ser posible su historia, carácter y objetivos. El color, de hecho, imprime una personalidad, generando la identificación inmediata y creando las emociones que aspiramos a despertar en nuestro target. La coherencia entre el color y la identidad de marca, o lo que proclama ser, resulta crucial para evitar disonancias en el cliente y facilitar la conexión emocional y mental de forma casi automática.

Esto pasa en todos los rubros del mercado, pues la paleta cromática de una marca enlaza su carácter o personalidad, el segmento o rubro del mercado en el cual opera y la percepción emocional y valoración cultural de los colores. Es por esto que difícilmente veamos una abundancia de rojos en, por ejemplo, la industria del crecimiento personal o la meditación, que apela más bien a tonos neutros o fríos para transmitir tranquilidad, sosiego y armonía.

Si un spa le llega a su clientela con un aviso o mensaje salpicado de pinceladas escandalosas, se producirá seguramente una disonancia entre su promesa de placidez y lo que transmite con tal paleta de colores, por lo que más de un cliente no se sentirá atraído. De allí la importancia de seleccionar el color según la identidad de marca y su propósito.

Ciara Molina, especialista en Psicología emocional, explica la influencia del color en nuestras emociones y estados de ánimo, así como las asociaciones culturales alrededor de ellos, información clave que nos ayudará en esta intención de imprimirle a nuestra marca una paleta cromática determinada:

Blanco

El blanco resume en sí todos los colores, por lo que suele asociarse a la perfección y a la universalidad. Representa la inocencia, la limpieza, la bondad, la positividad y el amor sin manchas. Sin embargo, también se le relaciona con la falta de control o inmadurez. Hay que advertir que estas asociaciones son constructos culturales, por lo que si en Occidente el blanco se lleva el lauro de lo positivo, en las culturas orientales se le asocia en cambio con el luto, la frialdad y el vacío emocional, por ejemplo. Por lo que deberás tomar en cuenta la valoración cultural de ese color en tu ámbito de trabajo.

Negro

Contrario al blanco, es la ausencia del color, por ello tanto como al blanco se le considera más un tono que un color en sí. Y aunque se le atribuyen asociaciones negativas como el luto (en occidente) la tristeza, la noche y lo oculto, la incertidumbre y el fracaso, el misterio y lo insondable, el negro se alza también como el color del vigor y el prestigio, de la formalidad, elegancia y sobriedad, del control y de la fuerza. Denota además nobleza y nos pone ante la idea de lo absoluto y definitivo.

Gris

Es el color propio de la imparcialidad. Tiene su connotación positiva en el respeto al otro, el equilibrio, la inteligencia, la madurez, la neutralidad, la llamada al orden y la conciliación de contrarios (dentro de la dicotomía blanco / negro). Pero que representa también lo anticuado, el aburrimiento, la ambigüedad y la crueldad.

Azul

El azul es un color frío que se asocia a la estabilidad y la calma dentro de la psicología emocional. Inspira sosiego, confianza, protección, altruismo y tranquilidad.

EL AZUL ÍNDIGO ES HISTÓRICAMENTE EL COLOR DE LA REALEZA, POR LO QUE REMITE AL **PODER, LA NOBLEZA Y LA INMORTALIDAD.**

A la gama del color azul también se le relaciona con la sabiduría, la ciencia, la tecnología y el futuro. En cuanto a sus connotaciones negativas, suele despertar emociones de depresión, victimismo, monotonía, melancolía y tristeza. No resultó nada gratuito que fuera el color del personaje "Tristeza" de la genial película Intensamente (Inside Out), de Disney-Pixar.

Violeta

Este es el color de lo sagrado, la espiritualidad o misticismo, la magia, el lujo, la meditación e inspiración, la intuición, la realeza y el poder. Resultado del azul y el rojo, representa también la ambivalencia masculino / femenino en un todo, es decir el ser integral. Suele ser un color preferido por artistas e innovadores, dispuestos a romper paradigmas. Transmite paz espiritual, transmutación mística y controla los miedos. Sus connotaciones negativas aluden a los excesos, la crueldad y la locura.

Verde

Es el color de la esperanza. Transmite serenidad, confianza, estabilidad y equilibrio. Se le asocia con la fecundidad y la Naturaleza, por lo que es un color tranquilizante que inspira seguridad, salud, crecimiento, vitalidad y resguardo. Por ello se le emplea comúnmente para disminuir la irritabilidad, la presión sanguínea, el insomnio y la angustia. Su simbolismo negativo apunta a la envidia, avaricia, corrosión, inexperiencia, veneno y náusea.

Naranja

El naranja quizá sea el color preferido de los elocuentes, los divertidos y los optimistas. Se le asocia a la prosperidad, la creatividad, la alegría y el entusiasmo, por ello reina entre los que siempre ven el vaso medio lleno. Verás con mucha frecuencia este color en el rubro del crecimiento espiritual y la autoayuda, puesto que sirve para despertar la autoestima, fortalecer la capacidad resiliente y la vocación por el bienestar personal. Las connotaciones negativas suelen aludir al rencor, la ira y el peligro (es el tono del fuego).

Amarillo

Quizá sea el color más alegre de la gama cromática. Suele aludir a la creatividad, la felicidad, el optimismo, la inspiración, la chispa mental, la riqueza o fortuna y ¡la luz! Promueve la concentración y, paradójicamente, la espontaneidad. Sus connotaciones negativas se relacionan con la hipocresía y la traición, el egoísmo, el narcisismo, el enojo, la impulsividad y los celos. Por ser un color altamente inestable (con apenas un toque de rojo o azul se convierte en naranja o verde), también es el tono de la inestabilidad e inseguridad.

Rojo

Uno de los colores más fuertes y llamativos de toda la gama cromática. Alude a la pasión, el vigor, el erotismo, la vida, lo femenino, el calor, el amor. Su influencia sobre el estado emocional es energizante, pero también podría apabullar por su rotundidad, ya que es el color de la agresividad, la sangre, la violencia, la destrucción y el odio.

Las connotaciones de los colores y su influencia son construcciones culturales. En la Edad Media el rojo era el símbolo del mal, de allí que más de una pelirroja haya sufrido la hoguera solo por el color de su cabello... hoy lo visten los cardenales. Y afortunadamente, para lo que nos interesa dentro de la identificación de marca, nos quedaremos con su significado de vida, amor, energía y vigor.

MÁRCATE
Define tu color

De acuerdo a la carga emocional de cada color planteada líneas atrás, pregúntate de qué color sería el beneficio que tu Marca Personal ofrece a tus clientes existentes o potenciales.

Estudia las grandes marcas

Te sugiero identificar en internet aquellas grandes marcas cuyos colores se relacionen con tu Marca Personal, y analizar la manera cómo se comunican con la audiencia, los rasgos de su personalidad, principales atributos reconocibles, visión, objetivos, y determinar cómo poder aplicarlos en tu caso.

Tipografía

Aunque es un aspecto importante, hoy no es obligatorio emplear solo un tipo de tipografía para la Marca Personal. Puede ser cambiable, lo que más importa aquí es lo que inspiren las tipografías elegidas.

LAS PUBLICACIONES EN LAS REDES SOCIALES NECESITARÁN DIFERENTES TIPOS DE TIPOGRAFÍA, PERO **TAMPOCO ABUSES UTILIZANDO UNA GRAN VARIEDAD** PORQUE TRANSMITIRÁS CAOS Y DESORDEN.

Aunque la Marca Personal admite muchos cambios en su tipografía y carta cromática, siempre y cuando sean representativas de tu identidad, es bueno que manejes las nociones tipográficas básicas para saber elegir aquellas alternativas que mejor se ajusten al espíritu de tu marca:

a

Fuentes script

Son las llamadas fuentes caligráficas porque simulan la escritura a mano o manuscrita. Se caracterizan por trazos simples, en cursiva, inspirados en los grandes calígrafos antiguos. Según la página fontmeme.com, el tipo de script que más se utiliza en el mundo del marketing es la casual, "menos formal, más distendida y de trazos más anchos", dejando las de acento antiguo e invitaciones de gala, certificados y tarjetas de felicitación.

Sin embargo, no hay nada escrito en el mundo de la tipografía, y se puede combinar a criterio personal para lograr el efecto de elegancia y estilo que aportan. Algunas clásicas son Lucida, Alex Brush, Lobster, Gótica Pacífico y Lucida. Mientras que hay un inmenso catálogo de scripts modernas (pro y gratuitas). Se pueden descargar desde plataformas especializadas, como la Feel Script, Adine Kirnberg Script, Honey Script, LR HandScript y muchísimas otras.

a

Serif

De las familias tipográficas, son las más elegantes, sobrias y serias. Por lo que evocan formalidad, respeto, confiabilidad, elegancia y estirpe. Dentro de las fuentes, son el equivalente del negro en la gama cromática. Suelen ser las preferidas de los medios tradicionales impresos, así como de los anuncios dirigidos a una audiencia adulta. Entre las clásicas tenemos la Times New Roman, Adobe Garamond, Georgia, Book Antiqua, Courier New, Bookman Old Style, MS Serif, y otras muchas. Así como las serifs más modernas, que no por serlo dejan de ser sobrias, como la Butler, la Athene, la Poly y muchísimas más.

a

Sans Serif

Por ser las más minimalistas de las tipografías, son muy comerciales, dinámicas y versátiles. También llamadas "palo seco" por no tener remates o serifas, que son las pequeñas terminaciones de cada letra. Transmiten armonía, limpieza, dinamismo y sobriedad. Se las aconseja para titulares y textos a ser leídos en dispositivos electrónicos o pantallas, pues no suman la luz del dispositivo al esfuerzo del ojo humano para leer.

Sin embargo, si el copy es muy largo, para textos impresos suele desaconsejarse. Entre las sans serifs reinan la Arial, la Verdana, Roboto, Helvética, Frutiger, Tahoma, la Century Gothic, Óptima, Gill Sans, entre otras. Sin embargo, como en todos los casos, a cada rato están creando sans serifs nuevas, que se pueden ubicar en las plataformas especializadas.

Fantasía

También conocidas como "tipografías experimentales", apuestan al impacto antes que a la legibilidad. Formadas con dibujos, símbolos, ilustraciones y elementos variables nos inclinan hacia lo lúdico, la libertad, la imaginación y la modernidad. No siguen ninguna norma, por lo que conectan con las personas creativas e independientes, de fuerte personalidad. Por su misma naturaleza juguetona, deben emplearse con mucha intención, sobre todo en logos y titulares. Entre las más conocidas: la denostada Comics Sans (por su abuso) Alba, Walt Disney Script, Curlz, Viner Hand, Kristen, Desdémona, Bergling Fantasia NF y otras. Pero hay muchas en las plataformas, como Google Fonts, que ofrecen un gran catálogo.

Modernas

Esta es una familia tipográfica que transmite dinamismo y frescura por la inteligente combinación de líneas de diversos grosores y formas geométricas. Son ideales para conectar con quienes aman el estilo, la elegancia y la contemporaneidad, pues son muy poderosas transmitiendo sensaciones.

Gracias a su estupenda legibilidad, pueden usarse en textos largos, reinando en logos, imagotipos, lemas y titulares. Las fuentes modernas más conocidas son las Rockwell, Impact, Pier Sans, Linotte, Adam.CG Pro, Maxwell, Building, Matchbook, Eurostyle, entre otras.

Fotos profesionales

El hecho que seas una Marca Personal no quiere decir que tu representación gráfica vaya a ser arbitraria o improvisada: necesitas un compendio de fotos profesionales dentro de tu portafolio para representar tu poder de fuerza a nivel de venta.

Sin embargo y gracias a las muy útiles herramientas que ofrece hoy la tecnología, ya no necesitas contratar a un reconocido fotógrafo para conseguir fotografías profesionales. Eso sí, cerciórate siempre de que tus fotos y las de los productos que publicas tanto en redes sociales como en la web, avisos y catálogos, contengan las siguientes características:

- Buena iluminación.
- Buen ángulo.
- Que no se vean borrosas, desenfocadas o pixeladas.
- Que llamen la atención y provoquen una reacción positiva ya sea por su composición, por sus protagonistas, o por la historia que cuentan.
- Que se sientan como una experiencia.
- Que transmitan un mensaje que invite a todo aquel que las vea a reflexionar sobre algún tema.
- Que tengan personalidad propia, y no se vea como una copia de alguna otra foto de producto o servicio.

Fotos diarias

Ya no se trata de aquellas profesionales, sino de las que te tomas espontáneamente para publicar en tus redes sociales. Yo las llamo fotos de combate, con las cuales proyectas tu quehacer diario sea en lo profesional, personal y social. Busca reflejar tu vida natural según tu objetivo de marca tomando en cuenta las siguientes recomendaciones:

- Verte natural y espontáneo ¡Nada de fotos con poses fingidas! Esta recomendación también aplica para los videos.

- No abuses de las fotos diarias con mensajes que no son del total interés de tu audiencia, que si sacando a pasear a tu mascota o mostrando el delicioso platillo que preparaste para la cena.

- Acompaña las fotos diarias con un texto breve que explique, amplíe o dé una nueva perspectiva a lo que muestras en la imagen.

Video

Las imágenes y los videos cautivan más en un medio tan visual como lo son las redes sociales: según un estudio de la web Postcrom.com, el 90 % de lo que la gente recuerda se basa en detonantes visuales ya que el cerebro procesa 60 000 veces más rápido las imágenes que los textos. Así que sácale provecho al formato de moda siguiendo siempre las siguientes recomendaciones:

- Bien iluminado.

- Claro y preciso.

- Bien hablado (ni muy lento que aburras, ni muy rápido que no se te entienda).

- Con una idea muy clara del mensaje que vas a transmitir. Que sea un contenido de valor que le resuelva una necesidad a la audiencia.

- Aunque la extensión dependerá del objetivo del video, ya sea informativo, para contar una historia o promocional, sé directo y no abuses del tiempo de tu audiencia. Recuerda la sabia frase según la cual lo bueno, si es breve, es dos veces bueno.

- El fondo es parte de la composición, así que haz que juegue a tu favor. Por ejemplo, si grabas reseñas de videojuegos, que tu fondo refleje esa pasión. O en caso de ser fashion blogger, decora el fondo con elementos que proyecten ese tema.

MÁRCATE
Pierde el miedo

Si le tienes miedo a la cámara, piérdelo enviando diariamente a tus personas de confianza mensajes de WhatsApp, por ejemplo, ya no mediante notas de voz sino con videos ¡Es una excelente práctica que te ayudará a perder ese temor!

Outfit

La forma cómo te vistas habla mucho de ti, pero es solo una pieza más del rompecabezas que forma la imagen de tu Marca Personal. Ya lo dijo el Buddha: "Cuida el exterior tanto como el interior, porque todo es uno". Pero no es lo mismo una escultora que vende su arte en galerías elegantes, que un influencer en el área de los videojuegos: de cada uno de ellos se espera cierta estética que refleje la naturaleza de su marca.

LA VESTIMENTA ES SOLO PARTE DE TU IMAGEN PERSONAL, QUE TIENE QUE **SER COHERENTE CON TU MARCA.** QUIZÁ TONOS MÁS ATREVIDOS SI ES JUVENIL, Y UN POCO MÁS CONSERVADORES EN CASO DE TRATARSE DE UNA MARCA SOBRIA.

Algunas de mis sugerencias en este sentido son:

- Muéstrate pulcro.
- No luzcas ostentoso u ostentosa. A menos que seas una empresaria y esas joyas sean tu producto, no uses accesorios muy llamativos.
- Pero tampoco te muestres con prendas extremadamente básicas y de colores simples como blanco, crema o gris.
- En el caso de las mujeres, no lucir sobremaquilladas.
- En caso de grabar un video, cuida la relación o juego de colores entre la ropa y el fondo del video.

MÁRCATE
Define la visual de tu marca

Resuelve las siguientes preguntas para empezar a concretar el aspecto visual de tu marca:

¿Cuáles son los colores de tu marca?

¿Cuáles tipografías utilizarás en tus mensajes, ya sea de redes sociales, anuncios, etc.?

¿Cuál sería tu outfit o estilo personal que te caracterizará?

¿Qué tipo de fotos tomarás: profesionales, o de combate diarias?

IDENTIDAD AUDITIVA

Esta identidad está compuesta por el sonido, es decir, lo que la gente oye, como eslóganes, jingles e intros, hasta tu propia voz. Muchas personas le dan una importancia protagónica a su aspecto visual para presentar su Marca Personal, pero al oírlas hablar todo aquello se desploma. Por muy útil que sea el contenido y lo bien que luzca el protagonista del video, ¡he perdido la cuenta de los videos que he dejado de seguir viendo en YouTube, por ejemplo, porque la voz de quien habla no se entiende o es muy rápida o muy lenta!

LA FORMA COMO TE PRESENTAS AL MUNDO ES IMPORTANTE PARA OFRECER UN **MENSAJE COHERENTE, CLARO** Y QUE OFREZCA UNA SOLUCIÓN AL PROBLEMA DE TU NICHO.

Se toma a la ligera la identidad auditiva, pero tener un tono de voz agradable y entendible es fundamental para una Marca Personal. La voz es, sin duda, el más importante de la identidad auditiva, ya sea si grabas videos, presentas un live en redes sociales, te presentas físicamente ante un auditorio o simplemente ante un solo cliente durante un encuentro personalizado. Los factores que debes aprender a manejar de tu voz son:

- **Volumen:** evita hablar muy bajo que las personas no te escuchen, o muy alto que aturdas a tus oyentes.
- **Ritmo:** si hablas muy rápido quizá no te des a entender; y en el caso de hablar muy lento, matarás a todos del sueño. Cuando hablamos muy rápido, los oyentes pueden sentir que algo estás ocultando, así como transmitir la sensación de falta de autoridad y nerviosismo. Recomiendo un ritmo pausado, melódico y melodioso, que te haga más apetecible a los oídos de los demás.
- **Velocidad:** no subir o bajar demasiado la velocidad en que expresas las palabras, de manera de no desconcertar a la audiencia.

157

- **Tono:** es la forma o estilo con que expresas verbalmente tus ideas, y siempre dependerá del propósito que quieres lograr al momento de comunicarte. Por ejemplo, no tiene el mismo tono de voz el padre que felicita a su hijo por haber obtenido excelentes calificaciones, que el mismo padre que lo regaña por haber llegado tarde en la noche. Así que, según tu propósito, ten en cuenta las posibilidades de tonos a utilizar al momento de hablarle a tu audiencia:

MÁRCATE
Evita las muletillas

Esos términos que siempre se nos atraviesan sin son ni ton en nuestro lenguaje, casi como un tic y de manera inconsciente, son las muletillas. Palabras que repetimos sin darnos cuenta para, cual muletas o bastones, sostener nuestro discurso o cuando el pensamiento parece atascarse. Las más empleadas son "este", "verdad", "bueno", "entonces", "umm", "me entiendes", "eh", ¿cierto? y otras muchas. Casi todos sufrimos de muletillas sin advertirlo, por lo que es conveniente escucharte o pedir a una persona cercana que te escuche y te advierta cuál has adoptado. O grabar una conversación tuya para detectarlas y evitarlas. Este ejercicio es clave en tu imagen de marca pues las muletillas, en vez de apoyarte, denotan nerviosismo, vago dominio

IDENTIDAD KINESTÉSICA

La kinestesia (del griego *kinesis,* movimiento) es una disciplina científica que estudia los movimientos corporales y su relación con la percepción, la psicología y el lenguaje. Según un informe publicado por la prestigiosa escuela de negocios española EAE Business School, "la inteligencia kinestésica sería el conjunto de habilidades que facilitan la conexión y coordinación de la mente con el cuerpo y que permiten una correcta gestión física, desde la toma de conciencia de los movimientos propios hasta la capacidad comunicativa gestual. De su entrenamiento y agilidad dependen las emociones que seamos capaces de transmitir con un simple gesto, la posición de nuestro cuerpo o un determinado movimiento. Desde simples expresiones faciales hasta el modo de andar o presentarnos ante nuestros interlocutores, el cuerpo es un elemento clave en cualquier contexto comunicativo".

La buena noticia es que la identidad kinestésica puede ser entrenada y cultivada mediante un proceso de autoconsciencia de los gestos, las posturas y los movimientos corporales. Para la identidad kinestésica de tu Marca Personal recuerda tomar en cuenta los siguientes aspectos:

- **Contexto:** parte de la categoría donde te desempeñes.
- **Historia:** quién eres tú y las circunstancias y hechos que te rodean.
- **Lenguaje no verbal:** cómo te mueves.
- **Mirada:** si es dispersa, lejana, empática, afectiva o rigurosa.
- **Cercanía:** qué tan cercano o lejano eres con respecto a la persona que te escucha. Este aspecto se relaciona mucho con la empatía, que es la capacidad e intención de comprender los sentimientos y emociones de otras personas.

- **Extrovertido o introvertido:** si eres una persona que busca resaltar su presencia en los lugares y eventos sociales, o si prefieres pasar inadvertido.

- **Actitud:** el diccionario de la Real Academia Española define la actitud como determinada disponibilidad a comportarse u obrar. Desde el punto de vista psicológico, se trata del ánimo, ya sea positivo o negativo, con el que enfrentamos una situación.

- **Contacto físico:** se refiere a cómo generas tu contacto físico, ya sea cercano o distante. Por ejemplo, a los latinos nos gusta manifestarnos de manera muy física, mientras en la cultura anglosajona son un poco más distantes y retraídos.

Los siguientes aspectos llevarán a que tu audiencia te perciba como una persona cálida, cercana y comprensiva, ya sea que grabes un video, hagas una propuesta de negocio ante socios potenciales, o te presentes frente a un público:

- Evita tener los dedos de las manos entrelazados.

- No muevas mucho las piernas o pies.

- Endereza tu postura, evitando mostrarte encorvado o con los hombros hacia delante.

- Muestra las palmas de las manos abiertas.

- Mantén el contacto visual con quienes te ven y oyen, pero sin exagerar: mirar a los ojos de una persona durante mucho tiempo puede significar que se le está mintiendo.

- Evita mirar hacia los lados. En el lenguaje no verbal este gesto significa aburrimiento y que buscas vías de escape.

- No te toques la nariz, pues estarías reflejando que estás mintiendo, o te encuentras enfadado o molesto.

- No sonrías sin motivo. Aquí las arrugas delatan. Los expertos en kinestesia han detectado que las sonrisas falsas carecen de esas arrugas que bordean los ojos cuando nos reímos genuinamente o de buena gana.

- Toma con pinzas eso de unir las puntas de los dedos. Si quieres una conexión cálida, no lo lograrás con este gesto, pues mandarás una señal de arrogancia a tu interlocutor. Aunque conscientemente utilizado sirve para transmitir confianza y seguridad.

- No te lleves la mano a la oreja cuando hablas, pues denota cierto nerviosismo si lo haces tú; o incomodidad con el hablante o rechazo a lo que escuchas. Solo hazlo si deseas que calle tu interlocutor.

- Mantén las piernas y brazos ligeramente abiertos. Cruzar piernas y brazos en una conversación o auditorio es la típica señal corporal de rechazo y aislamiento, como si estuvieras cerrado a la conversación, o simplemente la ignoraras. En el plano profesional acusas con este gesto falta de apertura mental y emocional.

- Evita la postura en jarras. Este gesto es propio de las personas de autoridad, que ponen las manos sobre su cadera y pies al nivel de los hombros. Y envía la señal de control y dominación, e incluso de agresividad cuando se saca mucho el pecho.

- Asiente con la cabeza, pero no tanto... Asentir con la cabeza envía una señal de atención y concordia o estar de acuerdo con el hablante. Se trata de un gesto muy positivo, siempre y cuando no lo hagas repetida y rápidamente, en cuyo caso denota hastío o tu deseo de que callen.

- Cuidado con cruzar los brazos y mantenerlos así, pues es el gesto típico de la desaprobación o el desacuerdo. Con esta postura comunicas que no estás dispuesto a escuchar al otro, rechazas o desaprueba lo que dice.

- Cuando explicas algo, no están mal las manos detrás de la espalda. Es el gesto propio de los maestros y las personas de autoridad con una actitud abierta. Envía la señal de seguridad y ayuda a ganar confianza en ti y en tu interlocutor, sea ante un hablante particular o en una reunión de negocios.

IDENTIDAD DIGITAL

Es hoy por hoy una de las identidades más importantes: la presencia de la Marca Personal en redes sociales, website, pódcast, blog, ebook, cursos online, y cualquier otro escenario digital. Es una mezcla de las identidades anteriores porque involucra tanto lo visual, lo auditivo y lo kinestésico; no obstante, maneja sus propios códigos que es bueno conocer para sobresalir en las plataformas del momento.

Hoy el universo digital es muy amplio y llevaría varios libros profundizar en cada uno de los medios electrónicos, por lo que te describo aquellos aspectos esenciales para vitalizar tu Marca Personal en el mundo digital:

Redes sociales

Sería llover sobre mojado repetir la importancia que hoy tienen las redes sociales para el éxito de una marca, ya sea personal o corporativa. Lo que no sigue estando muy claro es cómo manejar este fenómeno social que sí o sí debes incorporar a tu estrategia de marketing y branding. Valga la pena darle un rápido vistazo a aquellas redes donde puedes plasmar la identidad de tu Marca Personal:

Facebook, la red social por excelencia

Es muy utilizada para mantener el contacto con amigos y conocidos gracias a su carácter social y de ocio. Esto la convierte en una de las mejores redes sociales para marcas personales que se dirigen al público final.

AL IGUAL QUE INSTAGRAM Y LA VERSIÓN BUSINESS DE WHATSAPP, FACEBOOK BRINDA EXTRAORDINARIAS POSIBILIDADES **PARA COMERCIALIZAR TUS PRODUCTOS.**

Facebook es la plataforma familiar por excelencia. Privilegia las relaciones familiares y de amigos, esa zona donde se siente cómodo y desconectado de los grandes temas de la política o la sociedad, donde va sin ánimos de inmiscuirse en las conversaciones y gritos propios de una red como Twitter, por ejemplo, territorio de opinadores de todo color y calibre.

El usuario de Facebook siente que este es más bien un espacio para la conversación cálida, calmada y que lo aleje también de sus obligaciones laborales. Por ello esta red es una opción excelente para quienes están en el rubro de la salud, el entretenimiento, el fitness, el cuidado de mascotas, educación para padres, cuidado de los niños, opciones culturales y, no faltaba más, tiendas digitales.

Instagram entra por los ojos

Por haber nacido como plataforma para colgar fotos y comentarlas, la red de la camarita es reina en el territorio visual. Aunque nació para usuarios personales, pronto la audiencia, y la propia red, descubrieron el potencial para las marcas comerciales. Hoy es impensable tener una

Marca Personal y desaprovechar esta plataforma para conectar con el cliente, ganar reputación y vender. Por ello Instagram crea herramientas y funcionalidades cada vez más eficaces para las cuentas de empresas. Las tiendas online, el rubro de la estética/belleza, de la moda, la salud, el turismo, los restaurantes, la joyería, la artesanía y el mundo del emprendimiento tienen en IG un formidable canal para fortalecer su marca.

LinkedIn, la más profesional

LinkedIn es la red por excelencia de los profesionales. Una plataforma que facilita la búsqueda de empleo, el reclutamiento de RR. HH., la exposición de talentos y la publicación de temas de cierto nivel de experticia en un rubro dado para ganar reputación y cotizarse mejor en su área laboral de interés. Es clave aquí la construcción del networking o red de contactos que sirve al usuario para posicionarse y captar oportunidades de formación y crecimiento. De allí que sea el canal ideal para reclutadores de talento o RR. HH., proveedores de empresas y marcas profesionales.

Twitter, el que siempre opina en el salón

Es una red donde muchos gritan, cosa natural cuando se trata del territorio propio de las opiniones. Y es que Twitter, por ser un canal para transmitir información instantánea y en tiempo real, se convirtió en el escenario de los debates grandes y pequeños de la sociedad. Es una red ideal para informarse de la actualidad por ser la plataforma preferida de los medios noticiosos, de los formadores de opinión y de los dirigentes políticos. Las marcas productoras de contenidos informativo, de todo tipo, tienen en TW una vía expedita para fortalecerse y crear audiencia.

YouTube, el canal integral

Cada vez YouTube está más presente en la vida cotidiana, tanto, que solo el imbatible Google le gana como buscador de contenidos. Y no para de crecer en volumen de contenidos para consolidarse como la biblioteca audiovisual más completa del mundo. El secreto del éxito de este coloso no solo es su talante social y cercano, su contenido a la carta y complementación con otras redes, sino que su formato audiovisual integra las cuatro identidades que hemos nombrado aquí, consustanciales con una marca: la identidad visual, la auditiva, la kinestésica y digital. Por ello, es el canal ideal para todo tipo de emprendimiento y donde mejor puede fortalecerse la Marca Personal.

GRACIAS A LOS TUTORIALES Y VIDEO BLOGS, **YOUTUBE ES UNA PIEZA CLAVE** PARA ATRAER CONSUMIDORES.

Conquista en las redes

Para el estratega de social media e influencer venezolano Antonio Torrealba, atrás quedaron los tiempos cuando las marcas solo mostraban ofertas y lo maravilloso de comprar sus productos o servicios en línea. Las redes sociales hicieron explotar en pedazos esa tendencia y hoy las marcas buscan:

- Seducir
- Emocionar
- Interactuar
- Escuchar
- Ofrecer contenido de valor

Coincido plenamente con las afirmaciones de este amigo y reconocido especialista, para quien las marcas personales que se comunican como un robot corporativo están destinadas al fracaso. "El propósito es generar confianza y conectar con la gente. El emprendedor que busque cautivar a su audiencia debe mezclar ambos universos: aspectos de su vida privada que le den calidez y cercanía a su firma, con contenidos profesionales que lo conviertan en un referente dentro de su sector". Algunas técnicas para alcanzar este objetivo son las siguientes:

Publica contenido de valor

Se trata de publicaciones relevantes que aporten beneficios al público objetivo al que vas dirigido. Recuerda que eres una solución al dolor de tu target, y esa solución debe quedar plasmada en las publicaciones que realizas en las redes sociales, ya sea a modo de tips, consejos, historias de éxito y superación, recomendaciones, etc.

Interactúa con tu audiencia

Esa es hoy la clave del éxito de las redes sociales, independientemente de la plataforma que utilices. Así que interactúa con tus seguidores durante la primera hora luego de publicar y personaliza los comentarios.

Crea un calendario editorial

Una vez que tengas claro cómo abordar tus contenidos, define un calendario editorial donde organizar las publicaciones y, lo más importante, tener presencia cuando tu comunidad de seguidores esté más activa. Además de acostumbrar a los seguidores a que busquen un tipo de contenido en un día y hora determinados de la semana, también podrás establecer con antelación contenidos de temporada tales como Halloween, San Valentín o Navidad.

Utiliza las métricas

Una de las bondades de las redes sociales es que te brinda analíticas con las cuales puedes recoger información valiosa de tu público. Una buena gestión en este análisis es muy útil para la creación de una estrategia que te permita conectar mejor con su audiencia, así como captar clientes potenciales o prospectos.

MÁRCATE
A tomar en cuenta en las redes

- El nombre de tu Marca Personal debe convertirse en tu usuario de las redes sociales que manejes.

- Publica tu bio acompañada de tu promesa de valor y maneras de contactarte, ya sea mediante página web, WhatsApp o correo electrónico.

- Elige para tus publicaciones los hashtags y las keywords o palabras claves para que te ubiquen en internet.

Di quién eres en un video

Una vez definas tus colores, outfit, tono, bio, servicio, tu identidad completa (auditiva, visual, kinestésica), graba un video para las redes sociales donde comuniques quién eres y, sobre todo, la solución que le ofreces a tu audiencia. Recuerda las nociones del cerebro reptiliano de las que hablamos páginas atrás, y trata de que el video no supere los 3 minutos de extensión.

Una website que te refleje

No creas que las páginas web han entrado en desuso por la importancia que tienen en estos tiempos las redes sociales ¡Todo lo contrario! Es en estas plataformas donde el prospecto o cliente potencial seducido en las redes sociales, convierte su interés en compra.

LA PÁGINA WEB VA DE LA MANO CON LAS REDES SOCIALES, DE ALLÍ QUE EN **TU ESTRATEGIA DEBE ESTAR PRESENTE ESTA FUSIÓN.**

Para que cumpla con sus objetivos de divulgar con éxito tu identidad, tu web debe cumplir con los siguientes aspectos:

Contenido de valor y cercanía

Aunque seas un experto en tu área, busca un lenguaje cercano al usuario de tu página para hacerte entender y mantener su atención. Millones de páginas revientan de contenido similares a los tuyos, así que para captar la atención del usuario, debes darle información que aprecie porque le es útil. Pero también porque es ameno y digerible rápidamente. De modo que tienen la misma importancia el qué dices y el cómo lo dices.

Si buscas fortalecer tu Marca Personal como experto en electricidad, por ejemplo, evita los tecnicismos y en cambio ilustra con aplicaciones cotidianas esos conocimientos, a no ser que quieras reducir tu audiencia a tus pares. ¡Conozco páginas web de astrofísicos del CERN que tienen miles de visitas solo porque ponen el cielo al alcance de la gente!

Un buen look and feel

La página web debe ser una extensión de tu identidad de marca y captar la inmediata atención del usuario. La paleta de colores, la tipografía, los encabezados y demás aspectos gráficos del sitio web deben ser atractivos, tener un estilo visual coherente con esa identidad.

Por ello, el profesional a cargo del diseño del home y sus canales debe sumergirse en la esencia de tu marca para lograr un buen "look and feel" (cómo se ve y cómo se siente). La idea es lograr el estilo visual (look) que lleve al usuario a percibirte (feel) tal y como deseas.

La velocidad importa

El ser más impaciente de este mundo es un usuario web. De modo que la velocidad con la que bajan tus contenidos es crucial para ganarlo. O perderlo. Si un contenido tarda en bajar más de unos segundos, te aseguro que ese usuario se irá a otra parte ¡y no volverá más!

¿Cómo evitar esto? Colgando fotos que idealmente no sobrepasen los 100 kb, y que los videos sean ligeros y precisos (lo ideal es montarlos en tu canal de YouTube y hacer desde tu página el enlace al video; ah, y que no sean muy largos, ahorrándote las disgregaciones innecesarias o saludos demasiado largo, sobre todo en tutoriales).

Páginas "líquidas"

La página web debe ser "líquida" o adaptarse automáticamente a todos los dispositivos, sean celulares, tabletas, laptops y lo que esté por inventarse. Técnicamente se les conoce como páginas "responsive design" y apuntan a mejorar la experiencia del usuario a través de la redimensión del sitio web al tamaño de cada aparato electrónico.

Información de contacto visible

Es muy importante que tus medios de contacto estén siempre a la vista del usuario, lo recomendable es que aparezcan en la parte superior e inferior de la página. Si cambiaste de número telefónico, correo electrónico o redes sociales, realiza inmediatamente el cambio en tu sitio web.

MÁRCATE
Añade un blog a tu web

Publicar información de valor en un blog de tu Marca Personal ofrece enormes beneficios: además de generar confianza, el contenido de valor publicado en la web te hará sobresalir como un referente dentro de tu área, sin contar que es la mejor estrategia para posicionar una web en los motores de búsqueda. Además de tocar temas que sean de interés para tu audiencia, cuídate de no cometer errores ortográficos en los artículos de tu blog: escribir bien proyecta una excelente imagen personal.

ELIGE TUS CANALES

Los canales son aquellas plataformas donde mostrarás las identidades que acabamos de comentar líneas atrás. Si bien hay una amplia posibilidad de opciones, no todos funcionan para las diferentes marcas personales: cada una maneja una naturaleza distinta así como públicos bastante diferenciados unos de otros, así se muevan en el mismo sector.

Una vez que hayas definido plenamente las identidades de tu marca, es momento de darla a conocer mediante los canales de comunicación. ¿Cuáles canales elegir? La regla dorada en estos casos son aquellos canales donde esté presente tu target. Por ejemplo, si tu marca está relacionada con ropa para adolescentes, la red Tik Tok es ideal para mostrarte; sin embargo, si tu perfil profesional está orientado a académicos, la elección perfecta sería LinkedIn.

En principio, los canales pueden ser online y offline:

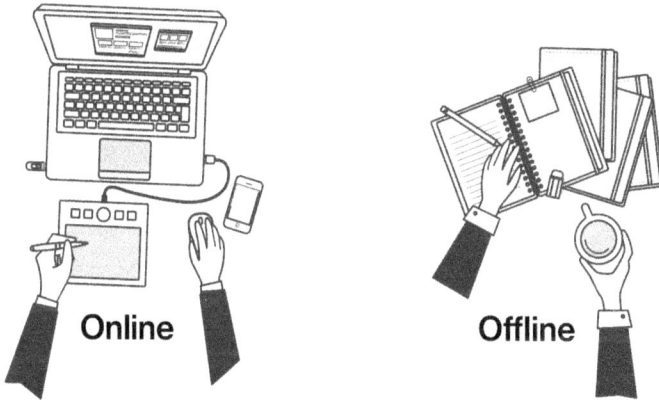

Online

Offline

Online

Aquellos que utilizan plataformas a distancia o digitales, tales como:

- Redes sociales:
- WhatsApp
- Webinars
- Ebook
- Newsletter
- Email Marketing

- E- Learning
- Youtube
- Blog
- Web
- Podcast

Offline

Son los canales físicos, es decir, que se pueden apreciar con el tacto, así como aquellos que ameritan de la presencia del individuo. Algunos ejemplos tradicionales de canales offline son:

- Networking
- Radio
- Prensa
- Revistas
- Libros
- Paneles
- Talleres
- Conferencias
- TV

De pago y orgánicos

A los canales mencionados podemos clasificarlos también en dos grandes categorías según el desembolso económico que tengas que realizar para publicar y promover tus contenidos en ellos:

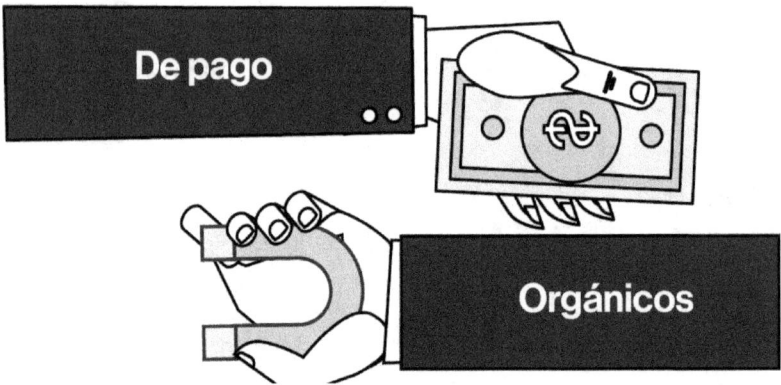

De pago: outbound marketing

Como su nombre lo indica, son aquellas opciones en las que deberemos invertir cierta suma de dinero para cumplir un objetivo mediante una publicación promocionada. Cada red social y el propio Google presentan diferentes modalidades para anunciar, conocidas como Ads.

Este tipo de publicaciones pagadas se conocen como outbound marketing, mediante las cuales se les retribuye económicamente a las plataformas para que "interrumpan" la vida natural de las personas con el fin de presentar nuestros contenidos.

Orgánicos: inbound marketing

Acá el mensaje se difunde naturalmente porque el contenido publicado tiene un gran valor para la audiencia al resolverles una necesidad ya sea informativa, de entretenimiento, motivacional o utilitaria. En pocas palabras, el llamado inbound marketing consiste en publicar contenido de valor para que sea la propia audiencia quien nos busque porque le interesa lo que decimos.

EL INBOUND MARKETING DE ATRACCIÓN BUSCA QUE SEAN **LAS PROPIAS PERSONAS QUIENES SE MUESTREN INTERESADAS EN VENIRNOS A CONOCER**, EN VEZ DE NOSOTROS SALIR EN SU BÚSQUEDA MEDIANTE ANUNCIOS O PROMOCIONES PAGADAS.

¿Cuál de las dos opciones es la ideal? Para mí, la mejor opción es la mezcla de ambas. No puedes tener una Marca Personal 100 % orgánica, ni tampoco 100 % de pago. Siempre hay que invertir, ya sea tiempo o dinero. Si no manejas mucho presupuesto, deberás invertir bastante tiempo en generación de contenido. Quizás tengas la oportunidad de viralizar ciertos contenidos, pero por lo regular deberás invertir en dinero con el fin de expandir tu marca al target que anhelas alcanzar.

MÁRCATE
Elige tu canal

Ya conoces las características de cada canal, ahora te corresponde elegir aquellos que más te convengan para desarrollar tu Marca Personal. Aquí la clave es una sola: elegir el espacio que más frecuente tus clientes actuales o potenciales.

CLAVES PARA CAUTIVAR

Sé auténtico

Indistintamente del canal que hayas elegido para plasmar tus identidades, busca entablar siempre una relación con tus prospectos o clientes potenciales desde la autenticidad, desde lo que realmente eres, no desde la formación de un personaje. Será la autenticidad lo que te hará único e irrepetible pues la clave del branding personal es mostrarte "normal".

BIEN LO DIJO EL ESCRITOR FREDERICK DOUGLASS: **"PREFIERO SER SINCERO CONMIGO MISMO,** INCLUSO ANTE EL RIESGO DE HACER EL RIDÍCULO ANTE LOS DEMÁS, EN LUGAR DE SER FALSO E INCURRIR EN MI PROPIO ABORRECIMIENTO".

Hay dos tipos de personas: aquellas que vemos, oímos y seguimos. Y las que admiramos, escuchamos y sentimos. ¿Cuál quieres ser tú? ¿Sabes dónde está la diferencia? La primera está convencida de que su mensaje es lo más importante del universo. De allí que en las redes sociales estemos inundados de fotos y videos sin sentido, llenos de egocentrismos, de yo y más yo, y la atención centrada en los números de seguidores. Pieles en exageración que buscan atención desmedida en busca del pago social de un seguidor.

Por su parte, el segundo tipo de persona piensa que lo importante es aquello que está en sus manos resolver y lo ofrece con generosidad y autenticidad. Así que reflexiona muy bien si deseas ser una persona a quien seguir o, mucho mejor aun, una persona a quien sentir mediante la autenticidad.

Es importante que todo lo que decidas compartir sea genuino. No mientas ni inventes hechos o estadísticas. Hoy la verificación de los hechos se ha vuelto más fácil que nunca, y las mentiras no mejorarán la reputación de tu marca.

"Sé fiel a lo que existe dentro de ti", dijo el escritor francés y ganador del Premio Nobel de Literatura André Gide. Si bien la autenticidad puede parecer un mensaje sencillo de transmitir, muchos emprendedores no logran mostrarse genuinos. Hay acciones específicas que puedes tomar para mejorar tu autenticidad:

- Honestidad: ser auténtico requiere ser honesto acerca de tus valores e ideas.
- Promover las causas: la autenticidad requiere acción. Apoyar organizaciones benéficas y causas que se alinean con tus valores muestra tu compromiso con tus valores. Respalda tus palabras con acciones.

Muestra tu personalidad

Comunicar solo hechos, características objetivas del producto o cifras no impresionará a la mayoría de las personas. Tu marca debe tener personalidad, y nada mejor para sentar las bases de esa personalidad que tú, con tus aciertos y defectos, manías o maravillosa manera de ser.

La idea no es mostrarte perfecto, ¡¡jamás!, sino como realmente eres. Una de las vías más efectivas para reflejar personalidad es el uso del humor ¡No te pido que seas un comediante o humorista!, pero proyéctate ante tu audiencia de manera relajada y con la soltura suficiente para sonreír y hasta para reírte de ti mismo. Mostrarse desenfadado facilita la comunicación, la expresión de emociones y la creación de lazos afectivos, además de potenciar el optimismo y la percepción positiva de la vida.

MÁRCATE
Construye el rapport

Gran parte de la Marca Personal requiere construir con la gente una relación cruzada entre la vida personal y la vida profesional. Es lo que se llama rapport, término de origen francés que significa precisamente "crear una relación". Proviene de la psicología y se refiere a establecer una conexión de empatía con otra persona para que se muestre abierta ante lo que tengamos que comunicarle. Para un excelente rapport, toma en cuenta los siguientes aspectos:

- Considera tu apariencia: vístete según tu propósito.

- Encuentra intereses mutuos: descubre puntos en común.

- Demuestra honestidad: sé sincero en tus interacciones.

- Muestra empatía: conéctate con las personas en un nivel emocional.

Conecta con historias

Las historias son ideales para conectar con tu target porque proyectan una imagen más cercana y emocionante que las cifras o un inventario de las características físicas de tu producto.

No te pido que compartas detalles personales sobre ti, pero sí dotar de humanidad tu quehacer mediante relatos del día a día, o cómo es tu proceso creativo y de producción, con sus problemas y aciertos, así como la manera en que superaste desafíos. Estas historias a publicar en las redes sociales o en un artículo de tu blog, entre muchas otras posibilidades, pueden ser:

Aspiracionales

Motivacionales

Inspiradoras

Aspiracionales

Este tipo de narración trata de pintar un futuro brillante, es mostrar algo que tú piensas y otros aspiran. No obstante, muchas personas tratan de ser aspiracionales de manera incorrecta como, por ejemplo, publicando imágenes acompañadas de un texto que diga "Mira mi colección de Mercedes", mostrando los vehículos estacionados en un garaje estático y sin vida. ¡Allí no hay historia! Si quieres ser aspiracional, cada Mercedes debe revelar una historia de superación y poder detrás de él.

Un representante de estas historias puede ser el conocido millonario Grant Cardone, uno de los más exitosos autores de libros de motivación, guía empresarial y quien cuenta en sus historias no solo el fruto de su trabajo que le ha generado alrededor de 300 millones de dólares, sino las vivencias que hay detrás de tantos triunfos, cómo enfrentó desafíos y tragedias como la adicción a las drogas, y superó la muerte de su padre cuando el ahora exitoso empresario contaba apenas con 10 años de edad.

CARDONE ES HOY –Y ASÍ LO DEMUESTRA EN SUS HISTORIAS- EL EJEMPLO VIVIENTE DE QUE **CUALQUIER PERSONA PUEDE LLEVAR A SER EXITOSA SIN IMPORTAR SU PASADO.**

Motivacionales

Se trata de dar a las personas una razón o motivo para emprender acciones. Hemos escuchado muchas historias motivacionales donde las personas lanzan exhortaciones a diestra y siniestra del tipo "¡Te digo que salgas y que lo hagas!". ¡No seas tan poco creativo! Un ejemplo de líder motivacional que rompe esquemas es el emprendedor mexicano Daniel Habif, líder del movimiento Inquebrantables, desde el cual nos motiva a encontrar nuestras flaquezas, aprender de los errores y obstáculos como camino para convertirlos en fortalezas.

Dando protagonismo a la perseverancia como virtud para alcanzar sus objetivos, Habif utiliza la espiritualidad y la mezcla con el arte, música y poesía para que las personas logren encontrarse a sí mismas y explorar todo el potencial que guardan dentro de sí. "Siempre he sido un tipo brutalmente trabajador, tirano conmigo, mi nivel de exigencia está siempre sujeto al tamaño de la cúspide que me propongo conquistar... A los 6 años mi primer trabajo, a los 7 mi primer protagónico, a los 8 mi primera película, a los 9 mi primer premio, a las 10 mi primer acto altruista, a los 11 mi primer beso, a los 12 mi primer guion, a los 13 mi primer auto, a los 14 me quise quitar la vida, a los 15 me rompieron el corazón, a los 16 ya saben, a los 17 mi primera borrachera, a los 18 conocí al amor de mi vida, a los 19 mi primera compañía, a los 20 recibí a Dios, a los 21 mi banda de rock, a los 22 me casé, a los 23 mi programa de tv, a los 24 mi primera fábrica, a los 25 mi primer millón de dólares (sin redes sociales), a los 26 mi primera hospitalización, a los 27 me quebré, a los 28 mi primera gran inversión, a los 29 mi discoteca, a los 30 dirigía 6 compañías, a los 31 mi propósito de vida, a los 32 luchaba con la muerte, a los 33 mi primera conferencia, a los 34 el primer millón de abrazos, a los 35 la expansión de un sueño, a los 36 mi primer libro y ahora me he dedicado a abrazarlos a todos ustedes y esto: ¡Apenas comienza! Tuve épocas terribles, pero sigo siendo un enorme soñador, toda mi vida aposté duro, soy un jugador de alto riesgo, de esos que ponen el 'All In' y no se traga los 'bluffs' de la vida. Perdí miles, pero nunca he perdido las ganas", dice este ejemplar motivador en sus redes sociales.

Inspiradoras

Consiste en alentar a la gente para alcanzar un propósito mayor. Cuando se realiza correctamente, las personas se sienten esperanzadas, animadas y queriendo tomar acción. Sobresaliente es el caso inspirador de Nick Vujicic, orador motivacional y predicador cristiano evangélico australiano, quien sin manos ni piernas inspira a millones a realizar sus sueños. Entre las grandes lecciones de vida que nos ha dejado su estimulante trayectoria de vida, vale la pena resaltar:

- "Quizá no llegue el milagro que esperas, pero para alguien más, tú eres el milagro. Intenta enfocarte en los buenos días que te esperen y trata de agradecerlos por anticipado".

MÁRCATE
Crea tu primera historia

Ahora a esa historia hay que sumarle el paisaje siguiendo los siguientes pasos:

- **Paso 1:** comienza con tu punto principal, que se relacionará con tu propósito o mensajes básicos.

- **Paso 2:** usa historias para hacer cautivador tu punto, idealmente las que conectan con las emociones centrales de tu audiencia.

- **Paso 3:** usa metáforas con las que las personas se pueden relacionar para ilustrar mejor tu mensaje.

Aplica las 3 C

Al establecer tu marca debes recordar las tres C que integran el proceso de comunicación: claridad, consistencia y constancia. Detengámonos en cada una de estas C:

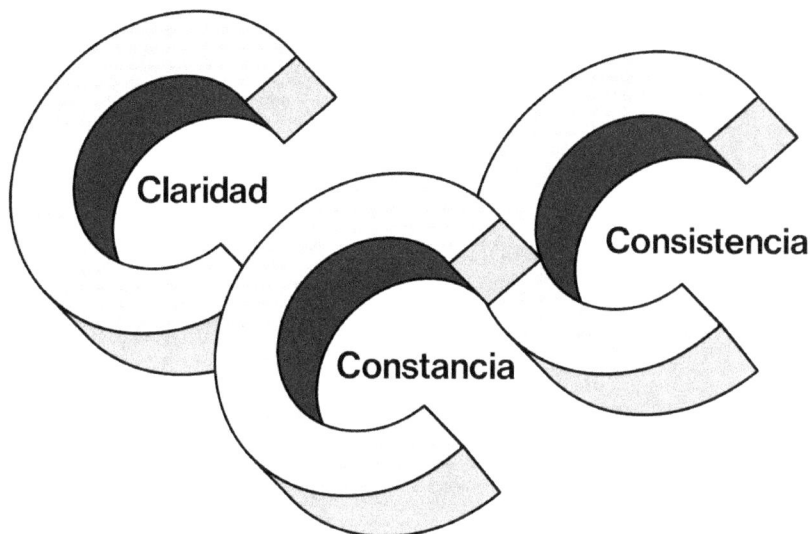

- **Claridad:** tu marca debe manifestar con claridad lo que haces y representas. ¿Eres un tomador de riesgos o representas estabilidad? ¿Eres creativo o analítico? Una marca ambigua y poco definida confunde a la audiencia.

- **Consistencia:** una vez que hayas establecido claramente tu identidad de marca, es importante que permanezca constante. La consistencia requiere que te presentes de la misma manera cada vez que la comuniques. Esta consistencia debe estar en tus valores declarados y hacerse visible en tus mensajes y acciones.

- **Constancia:** ser constante será lo que finalmente se gane la confianza de tu audiencia ¡Aquí no hay espacio para flojear! Recuerda las sabias palabras del político, escritor y aristócrata británico Benjamin Disraeli, quien ejerció dos veces como primer ministro del Reino Unido: "El secreto del éxito radica en la constancia con la que se persigue un objetivo".

MÁRCATE
Escribe tu mantra personal

Los mantras de marca son expresiones cortas, pero poderosas, que refuerzan tu razón de ser y te será de gran ayuda para enfocar tu identidad. Esta frase corta suele tener de tres a cinco palabras, y son estas palabras la que definen tu marca, explora tus puntos de diferencia y lo que la hace única. Las marcas y personas tienen varios mantras, estos son algunos ejemplos:

- Nike: "Para atletas reales".
- Elon Musk: "Apuntando a las estrellas con los pies en la tierra".
- Richard Branson: "No pongas limites a tus sueños".
- Mark Zuckerberg: "Toma riesgos sin rendirte".
- Javieralaex: "Viviendo en propósito".

Para crear un mantra de marca, primero identifica qué diferencia a tu marca. Este mantra debe ser simple (corto y al grano), comunicativo (definir el propósito de la marca y lo que la hace única), e inspirador (significativo).

6: CREA UN PRODUCTO RENTABLE

EL TALENTO RINDE DIVIDENDOS CUANDO SE CONVIERTE EN UN PRODUCTO. CONOCE LAS FASES DEL LABORATORIO DE PRODUCTO

Jorge Luis ya ha identificado su propósito de vida y talento, empezó a difundir su identidad en el canal de comunicación adecuado, y muchas personas ya le conocen y hablan de él. Ahora... ¿cómo prosperar económicamente a partir de lo que ha practicado hasta ahora? ¡Ofreciendo un producto o servicio que le solucione un problema a su target! En este punto y no otro empieza la monetización de tu Marca Personal.

Como asesor experto en resolver desencuentros de pareja a partir de problemas con el manejo de las finanzas, ¿cómo Jorge Luis podrá rentabilizar ese talento? Varias posibilidades se presentan ante él, desde abrir un consultorio donde ofrecer servicios personalizados de coach, vender ebook y cursos en línea sobre la materia, ¡hasta ofrecer conferencias como speaker ante un público masivo y presencial! Y estas son solo algunas de las casi infinitas posibilidades.

No obstante, para muchas personas no son tan evidentes las vías con las que materializar su talento en un producto o servicio, desde chefs que solo ven como única salida a su habilidad el ser contratado en un restaurante, el sastre que se cree condenado a tomar aguja e hilo durante el resto de su vida para confeccionar trajes para su clientela, hasta el diseñador gráfico atado frente a su computador para conformarse vendiendo su talento por cada trabajo realizado.

¡Para todos ellos, al igual que para ti, existen posibilidades mucho más satisfactorias! ¿Cómo descubrirlas? Mediante lo que denomino Laboratorio del Producto. Se trata de una metodología muy parecida a la practicada por la industria farmacéutica para crear y desarrollar sus medicamentos: en este caso, tú eres un especie de planta con poderosas propiedades para aliviar el dolor de cabeza, por decir algo; pero no es hasta que pasas por un laboratorio y te conviertes en un producto terminado, cuando comienzas a obtener ganancias.

DE LAS CARACTERÍSTICAS PRINCIPALES DEL MARKETING, **EL PRODUCTO ES LO MÁS IMPORTANTE** PORQUE SI TIENES UN MAL PRODUCTO, TODAS LAS DEMÁS ETAPAS O FASES SE DERRUMBAN.

En fin, tú eres la materia prima que, luego de cumplir con las diferentes fases del proceso, termina siendo un producto exitoso y envuelto en un empaque cautivador que cumple con la trilogía

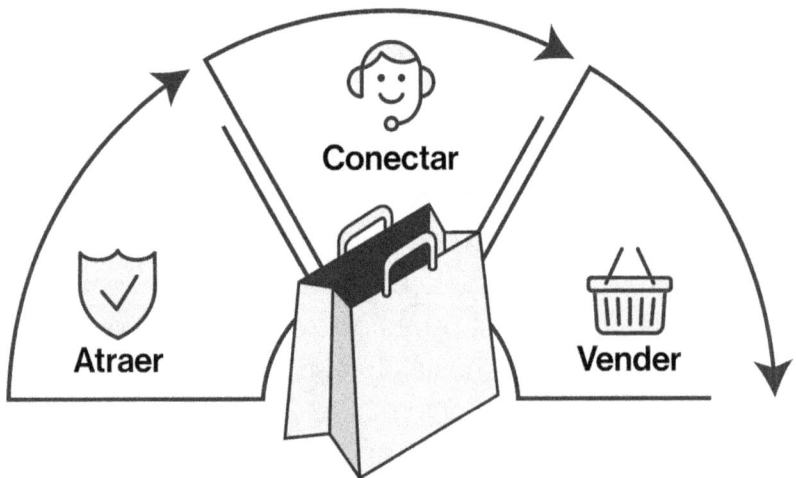

Conectar

Atraer

Vender

El producto o servicio es lo que, al final del proceso, la gente recibirá de ti, es la conclusión de un talento que transformaste hasta convertirte en una actividad u objeto reales, ya sea una asesoría, un ebook, una consultoría, conferencia, un libro... ¡todos son productos!

DE LA IDEA AL PRODUCTO

Llegado a este punto, ya tu caso no es como el de muchos emprendedores que una mañana se levantan y parte desde cero a ver cuál idea de negocio se le ocurre. No: ya estás claro en tu propósito y talento, tienes identificado a tu target y cómo seducirlo mediante tu identidad, ahora toca cristalizar todo ese proceso en un producto o servicio que puedas vender para ganar dinero. Para lograr este último punto, sigue las fases del Laboratorio de producto:

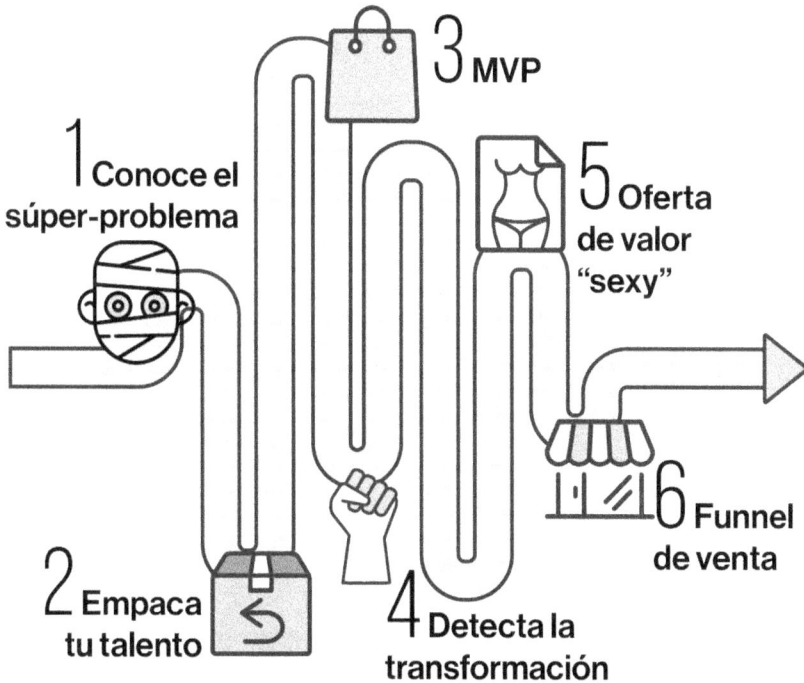

3 MVP

1 Conoce el súper-problema

5 Oferta de valor "sexy"

2 Empaca tu talento

4 Detecta la transformación

6 Funnel de venta

1. CONOCE EL SÚPER-PROBLEMA

Muchos emprendimientos desparecen durante el primer año de su creación por una sencillísima razón: porque el mercado no los necesita. Puede que hayan tenido la idea más increíble del mundo, pero fracasan en su intento porque no se detuvieron a pensar si esa idea está solucionando una necesidad en el mercado o si le está agregando valor al consumidor final.

SIEMPRE INSISTO EN LA SABIDURÍA DE LA FRASE DE URI LEVINE, EMPRESARIO ISRAELÍ COFUNDADOR DE WAZE, APLICACIÓN DE TRÁFICO Y NAVEGACIÓN ADQUIRIDA AÑOS ATRÁS POR GOOGLE POR MÁS DE $ 1.1 MIL MILLONES: **"HAY QUE ENAMORARSE DEL PROBLEMA, NO DE LA SOLUCIÓN"**.

Todo empieza a andar cuando ya conoces a la persona a la que le vas a vender tu solución. Ya en capítulos anteriores te hablé de la necesidad de averiguar el dolor de tu buyer persona. Ahora te toca concretar en una mercancía la solución a esa necesidad. En primer lugar, detalla muy bien tanto el problema como el súper-problema de la persona que atenderás.

¿De qué se trata esto? Todas las personas padecen un problema pero, por encima de ese problema, está lo que denomino el súper-problema. Me explico con un ejemplo: digamos que manejas una escuela de adiestramiento de perros y uno de los programas que impartes se basa en disciplina para cachorros. El problema de muchos dueños de mascotas es que estas ladran a altas horas de la noche y no dejan dormir a sus propietarios ni a sus vecinos, así que publicas un aviso en las redes sociales ofreciendo tu "solución":

"Si tienes problemas con tu perro porque ladra de noche, nuestra escuela de adiestramiento brinda el programa de psicología positiva consistente en seis módulos a impartir durante seis días seguidos sobre disciplina canina, la comunicación en el perro, conductas instintivas y tratamiento no conductual".

Tras enumerar las características del producto, una parte de las personas lo adquirirá, pero se habrá perdido a la mayoría de los interesados ¿Por qué? Porque se les está argumentando desde las características del producto (lo racional) y desde el problema (el perro ladra mucho) y no desde el súper-problema, que en este caso podría dividirse en varios aspectos:

- Peleas con los vecinos por lo ruidoso que es el perro durante las noches.
- Los ladridos del perro le producen insomnio al propietario, quien a la mañana siguiente le cuesta levantarse de su cama y llega cansado al trabajo.
- Discusiones entre los miembros de la familia pues ninguno se responsabiliza de solucionar la situación.

Si buscas vender, ve al grano y trata directamente las soluciones a los súper-problemas, con argumentos que le hablen al sistema reptiliano del cerebro. Para seguir con el mismo ejemplo de la mascota que ladra por las noches, un excelente copy para un aviso sería:

"Gracias a nuestro programa de adiestramiento de mascotas, lograrás dormir mejor y evitar problemas con los vecinos".

Así empiezas a presentar argumentos alrededor del súper-problema, sin nombrar en las primeras líneas las características del servicio pues estas serán detalladas en una etapa posterior de la promoción, ya cuando hayas atrapado el interés de tu cliente potencial.

MÁRCATE
Identifica el súper-problema

Para ayudarte a darle forma a tu talento y convertirlo en un producto o servicio, te animo a responder las siguientes preguntas:

• Quién soy?

_____

• Qué problemas resuelvo?

_____

• Qué oportunidades de mi categoría he detectado?

_____

• Qué beneficios puedo aportar con mis talentos?

_____

• ¿Por qué es importante lo que hago?

_____

• Mi categoría es:

_____

• Mi nicho es:

_____

• Mi buyer persona es:

_____

• El problema y súper-problema de mi buyer persona es:

_____

2. EMPACA TU TALENTO EN UN FORMATO

Hasta que no empaques tu talento en un formato, tu talento seguirá siendo solo eso, una idea. Pero entonces, ¿cómo empezar a darle forma a tu producto que, hasta el momento, es solo una idea dando vueltas en tu cabeza? Existen infinitas posibilidades para empaquetar tu idea, tanto en el mundo físico como con las numerosas opciones que ofrece el universo online. De los muchos caminos a tomar, acá algunos de los más solicitados en estos tiempos:

Conferencias en vivo y online

¡El mundo de las conferencias es mi pasión! Como fundador, en 2017 y en conjunto con Rosiris Toro, de la Asociación Latinoamericana de Expositores (ALAEX), la idea es y sigue siendo agrupar a destacados speakers hispanoparlantes y darles la misma ventaja competitiva que los conferencistas norteamericanos, estudiando a fondo los modelos de éxitos de Estados Unidos y trasladándolos a Latinoamérica para formar un modelo único de los mejor de ambos mundos.

LO QUE UN DÍA FUE UN SUEÑO, SE CONVIRTIÓ EN REALIDAD Y SIGUE CRECIENDO HASTA ESTABLECER **ALIANZAS EN MÁS DE SEIS PAÍSES DE LATINOAMÉRICA.**

Esa enriquecedora experiencia me permite hablar con propiedad del tema de las conferencias, conocidas por ser disertaciones o exposiciones en público sobre un tema en particular, y que anualmente convoca a millones de asistentes en todo el planeta. La versión online de las conferencias presenciales vendría siendo un webinar, que no es más que un seminario web o presentación educativa retransmitida o en directo. Estas presentaciones interactivas en línea son extraordinarias para crear Marca Personal a través de los contenidos de valor mientras generas ingresos.

Su versatilidad no tiene límites y cubre cualquier área, de gastronomía a docencia, de finanzas a servicios de contabilidad. Si tienes una Marca Personal que arrastra a una gran audiencia, las videoconferencias y webinars son una alternativa a explorar. Entre las apps ideales para las videoconferencias están: Go To Webinar, Facebook Live y YouTube Live.

Asesorías y consultorías

Además de ser CEO de la Asociación Latinoamericana de Expositores (ALAEX), me he desempeñado como consultor estratégico de corporaciones internacionales y marcas personales de celebridades y conferencistas, así como manager, representante y director comercial de reconocidos speakers latinoamericanos dedicados al mundo de las ventas, liderazgo y motivación. ¡Todo gracias a mi constante trabajo en mi Marca Personal!

Es un inmenso mundo lleno de posibilidades. Además de asesorías y consultorías personalizadas, brindar servicios como asesor en el universo online abre muchas opciones a todo profesional capaz de anticipar y solucionar problemas para mejorar la situación de un cliente.

He perdido la cuenta de los terapeutas de parejas, coach motivacionales y hasta asesores financieros que brindan sus consultas desde un espacio de sus hogares o salen de viaje pues los medios digitales brindan la posibilidad de ofrecer servicios como consultor o asesor desde cualquier sitio donde estés.

En cuanto a los requerimientos tecnológicos, entre las herramientas esenciales para ofrecer tus servicios online están videollamadas por WhatsApp, Skype y la ya famosa Zoom.

Cursos en línea

Los cursos online son uno de los modelos de infoproductos más efectivos para generar ingresos pasivos, que son aquellos con los que se obtienen ganancias en piloto automático, a toda hora y todos los días del año, luego de una inversión de tiempo y esfuerzo inicial. ¡Hacer dinero mientras duermes!

LOS CURSOS DIGITALES SON MUY POPULARES POR SU FLEXIBILIDAD, MATERIALES DISPONIBLES EN LÍNEA Y LA POSIBILIDAD DE **INTERACTUAR CON LOS ESTUDIANTES.**

Puedes hacerlos de varios niveles, de manera que el básico sea gratuito y sirva de abreboca e invitación a los más complejos o especializados para suscriptores abonados. Abundan las plataformas para, sin mayores complicaciones y sin saber nada de programación, incursionar en este mundo, desde Kajabi, hasta HotMart, Udemy y Teachable.

Influencers, los nuevos celebrities

Ser influencer es la encarnación más vívida de lo que significa una Marca Personal: una persona con gran reputación en una o varias redes sociales, y que al emitir expresar su opinión o compartir un conocimiento mueve a la acción a sus seguidores.

Ya una vez alcanzada una buena reputación de tu Marca Personal, las opciones para monetizar van desde poner en venta tus propios productos y servicios -ebooks, manuales, guías, etc.- a través de tu web, hasta animar eventos online y offline, promocionar marcas, ofrecer cursos de formación, conferencias y webinars, cobrar por consultorías y lanzar aplicaciones vinculadas con tu actividad.

La "Biblioteca de Alejandría" a un click...

La biblioteca más grande del mundo tiene el tamaño del ciberespacio mismo. En sus "anaqueles" están los ebooks o libros digitales que se pueden descargar gratuitamente, o a través de tiendas online para leer en dispositivos electrónicos. Muchos tienen su versión física, pero gran parte de la producción editorial del momento se está haciendo de manera virtual.

Por supuesto que la mayoría de los libros convencionales de cualquier temática y género ya tienen su versión digital: es un rubro que mueve mucho dinero, pues aunque muchos lo proclamen, internet no mató la lectura; al contrario, es una "biblioteca" que está en todas partes. Si eres experto en tu materia, se abren muchas posibilidades de escribir un libro y ganar reputación, con la asesoría profesional adecuada.

Generar ingresos con recursos descargables

La app Canvas es una plataforma superéxitosa que todos aman, pues cubrió la necesidad de muchísimos community manager y creadores de contenido de elaborar materiales en un tris, a través de plantillas. Por supuesto que no vas a crear un diseño único, pero sí sacar a tu público objetivo de un atolladero ofreciéndole materiales "prefabricados" de manera gratuita si son básicos y en modo pro a medida que se especialicen y diferencien.

Y esto no solo aplica para el diseño o la creación de videos; cualquier profesional, desde asesores migratorios, administradores, hasta secretarias y coaches pueden poner a disposición de otros, vía online, materiales para descargar desde tu web o redes sociales, y trabajar en ellos.

Pódcast, contenido al oído

El mundo de la radio está viviendo su verdadera época de oro gracias a los pódcast. Estos son simplemente transmisiones de radio a través de plataformas digitales. El boom se explica por la facilidad que se le brinda al usuario de escuchar cuando le place el programa o episodio de su interés ¡y los hay para todos los gustos, colores y necesidades! No faltan en los medios noticiosos y páginas relevantes, así como no debe faltar en alguien que esté construyendo su marca y que desee amplificar el alcance de su oferta ante su buyer persona. Y, con suerte y estrategia, hasta convertirlo en una fuente de ingresos pasivos ofreciendo contenidos premium o superespecializados, marketing de afiliación, patrocinios, etc.

Tienda Web o e-commerce

Todo emprendedor debe tener una tienda web o land page que le sirva de "base de operaciones" para vender su mercancía o servicio. La puedes crear desde plataformas que te facilitan la tarea, como Google Site, WooCommerce (de WordPress), Oleoshop, 3DCart, entre otras, para lo cual deberás hacer al menos una inversión de aprender o... contratar a programadores y profesionales que ofrecen sus servicios a precios asequibles en bolsas de trabajo como Freelancer y Themeforest. Sea lo uno o lo otro, la inversión bien que vale la pena porque la capitalizarás con creces si sabes gestionarla.

MÁRCATE
Escríbela y habla con tu idea

De nada sirve tener una gran idea si no la proyectas, por lo que uno de los primeros pasos para empezar a darle forma es escribirla. ¡Poner la idea sobre papel ya hace que comience a cobrar vida! Otra estrategia es humanizar tu idea y visualizarla como si se tratara de una persona a la que apenas acabas de conocer y te interesa saber de ella. Pregúntale quién es, qué quiere en la vida, y qué necesita de ti para crecer. Cuando humanizas tu idea y hablas con ella, notarás que es un ser vivo que desea crecer y desarrollarse.

Marketplace el intermediario ideal

Para que entiendas de entrada, Amazon es el rey de los marketplace, plataformas que convocan a compradores y vendedores para hacer transacciones de compra de todo tipo de mercancías y servicios. En Latinoamérica el líder es Mercado Libre, pero hay incluso especializadas por rubro, como Etsy, para productos artesanales y únicos. Con ellas conviertes el ciberespacio en el lugar donde cierras las transacciones de compra, por las muchas facilidades de pago y envíos que ofrecen. Estas suelen cierto porcentaje al cerrar la compra/venta.

Vuelven los blogs

Los blogs están vivitos y coleando, sobre todo por la necesidad de contenidos de la audiencia y el anhelo reputacional y de cercanía de las marcas. Antonio Torrealba, influencer y estratega del marketing de redes y reputación digital, afirma tajantemente que hoy el contenido es el rey. Y los blogs son el territorio donde esos contenidos toman vida al toque de un usuario.

Para monetizarlo, eso sí, ofrece contenidos tan valiosos para el usuario que esté dispuesto a pagar por ellos. Yo te recomiendo hacer un mix: colgar contenidos gratuitos e invitar a profundizar en contenidos pro. En cuanto a las plataformas para crearlos, destacan WordPress, SquareSpace, Obolog, Site 123, Wix, Weebly, entre otros.

Una app con tu sello y seña

Estamos sobresaturados de aplicaciones, pero si tú tienes bien claro el dolor que vas aliviar en tu público, será mucho más fácil pensar en crear una app que le sirva a tu buyer persona para resolver el problema que le aqueja o cubrir una necesidad. ¿Cómo crees que nació la exitosísima Uber? Fue a partir de la frustración (el dolor) de Travis Kalanick y Garrett Camp, sus creadores, al no conseguir un taxi en una fría tarde parisina. La clave, te repito, es el deseo de aliviar una necesidad.

Hay páginas y plataformas que te ofrecen la posibilidad de crear apps básicas a partir de plantillas, y programadores por montones. Por algo se empieza. ¿Quién quita que des con una app tipo Uber detectando un problema a una frustración no atendida?

Marketing de afiliación

En esta modalidad tú te conviertes en la vitrina de otras marcas, que te pagarán alguna comisión por recomendar sus productos a través de enlaces a su tienda. Por supuesto, para entrar en el privilegiado territorio del marketing de afiliación, debes reunir ciertas credenciales, como un blog o página con una gran audiencia, pues es tu audiencia la que está en la mira del anunciante. Por ello es tan, pero tan importante pulir tu blog con contenidos de valor que generen interés y abulten tu audiencia (y bolsillo).

Una era insaciable de contenidos

¿Que los nativos digitales no consumen contenidos e información? ¡Al contrario! Estamos en un tiempo insaciable de contenidos, pues a los que nacimos antes del boom digital se han sumado estas nuevas generaciones que viven pegadas a las pantallas de sus dispositivos consumiendo contenidos de todo tipo y en cualquier formato. Así que a los escritores, periodistas, profesores, divulgadores científicos, opinadores de renombre y todo aquel que tenga algo importante que decir, tienen el mercado asegurado.

Además de los medios de comunicación convencionales, a esta necesidad de contenidos se suman las empresas que requieren buena pluma para alimentar sus blogs y conectar con sus clientes. ¿Qué dónde buscas? Hay bolsas de trabajo y plataformas especializadas que te conectan con tus potenciales clientes, como Freelancer, Publisuites, Textmaster, entre otros.

SI ERES FOTÓGRAFO, PUEDES ACUDIR A PÁGINAS COMO SHUTTERSTOCK, LA GIGANTE GETTYIMAGES, FREEPIK, ADOBE STOCK, ENTRE OTRAS, **QUE PAGAN UN PORCENTAJE DEL PRECIO DE LA FOTO QUE DESCARGUE EL ABONADO AL SERVICIO.**

El microfinanciamiento, o pago solidario

El llamado crowdfunding es una alternativa por la que apuestan muchos profesionales, artistas, autores y creadores de contenido para monetizar sus talentos. Plantea un emprendimiento relacionado con su experticia de tal manera que mueve el interés del público para que se convierta en tu "micromecena".

Debes ofrecer un proyecto o iniciativa lo suficientemente atractivo como para que estén dispuestos a apoyarte. Y tener una comunidad robusta en tus redes sociales. Las más conocidas son evidentemente Crowdfunder, Patreon y Kickstarter, entre otras.

MÁRCATE
Un Canvas para guiarte

No te asustes, que para organizar tantas cosas por hacer hay guías como el modelo Canvas, que sirve para poner en claro tantas ideas y ganas de empezar a crear tu marca y rentabilizar tu talento a través de un plan de negocios esquemático que vaya del dolor de tu buyer persona, o la necesidad o frustración que detectes, hasta la capitalización de tu talento para aliviar ese dolor. Al este modelo le planteé la siguiente versión para hacerlo más digerible:

- Detectar una necesidad/dolor/frustración.
- Cómo alivio esa necesidad/Promesa de solución.

- ¿Qué hacer para que el cliente se fije en mí? / Propuesta de valor.
- Diferenciación / Qué me hace único frente a la competencia.
- Resonadores de mi oferta de solución / Influencers relacionados con mi área.
- Equipo de trabajo / Logística / Proveedores.
- Vías para concretar el acto de compra / Entrega al consumidor.
- Rentabilización / Formas y canales de pago.
- Tuercas a apretar para asegurar la viabilidad del negocio.
- Inversión monetaria y personal / Ganancias y renuncias.

3. MVP:
PROTOTIPO PARA VALIDAR EL PRODUCTO

En este punto toca comprobar que tu producto o servicio realmente satisfaga las necesidades del cliente potencial, y hacer los ajustes necesarios en caso de que no sea así: sería irracional comprar un horno industrial para cocinar miles de donas como prueba del mercado, todo un gasto absurdo de recursos. Basta con una pequeña cantidad de donas para conocer la opinión de los consumidores. Este mismo principio aplica a cualquier otro tipo de producto o servicio.

Esto es lo que se conoce como MVP o El Mínimum Viable Product, un producto o servicio inicial para tantear la efectividad de la idea. Luego y a partir de la retroalimentación que recibas del mercado de prueba, podrás identificar lo que les gusta y lo que no para ajustar aquello que sea necesario.

TU IDENTIDAD DEBE SER PARTE INTEGRAL DE TU PRODUCTO: LAS PERSONAS TIENEN QUE SENTIR QUE **EL PRODUCTO O SERVICIO QUE ADQUIERAN ESTÁ LLENO DE TU IDENTIDAD**, QUE ES UNA REPRESENTACIÓN DE LO QUE ELLOS HAN PENSADO QUE ERES TU.

MÁRCATE
Valida el producto

Antes de lanzar cualquier producto, es importante validarlo y confirmar si el cliente potencial compraría ese producto. Para seguir este proceso de validación, debes hacerte una serie de preguntas:

- ¿Por qué me comprarían?
- ¿Cómo se entregará el producto o servicio?
- ¿Qué hará el cliente con mi producto o servicio?

4. DETECTA
LA TRANSFORMACIÓN GENERADA

En esta fase busca identificar la transformación sufrida por el buyer persona luego de probar tu producto, es decir, que cambió en él luego de usar tu producto.

- **Punto A:** ¿Cómo se siente antes de adquirir el producto o servicio?
- **Punto B:** ¿Cómo se siente luego de probar tu producto o servicio?

Tras los correctivos necesarios, difunde esta progresión en tus canales de divulgación, ya sea a través de historias, videos, testimonios de clientes satisfechos que muestren cómo el cliente avanzó del punto A al punto B, de la frustración de su situación antes de disfrutar del producto, al problema resuelto.

ENFOCA TU MENSAJE EN LA TRANSFORMACIÓN QUE APORTA TU PRODUCTO Y, SI NO ERES CAPAZ DE VER CLARAMENTE ESA TRANSFORMACIÓN, VUELVE A DARLE UNA VUELTA A TU PRODUCTO.

5. CREA TU OFERTA DE VALOR "SEXY"

Imagina que eres un adolescente de instituto al que le gusta una chica. Si, entre más de 100 alumnos de su misma edad, deseas que la joven se fije en ti, deberás ser capaz de demostrar cuáles son tus virtudes y por qué debería elegirte a ti y no a otro adolescente para acompañarla en la fiesta de fin de curso.

Lo mismo ocurre con una Marca Personal que compite en un mercado: deberá ingeniárselas para demostrar qué ofrece y qué le diferencia del resto de la competencia.

Una propuesta de valor busca dar a conocer de manera directa las ventajas que un producto o servicio brinda a sus clientes, y así diferenciarse de productos parecidos presentes en el mercado.

Hay muchos terapeutas y coaches que asesoran sobre cómo resolver problemas de pareja generados por el manejo del dinero, pero Jorge Luis tiene una gran ventaja sobre ellos: además de ser psicólogo, también tiene una gran experiencia en finanzas gracias a su trabajo en el banco.

Ambos elementos se combinan para crear su oferta de valor que deberá transmitir con eficacia a su público. Por tanto, una buena propuesta de valor debe transmitir lo siguiente:

- Cómo tu producto o servicio resuelven el problema o necesidad de tu cliente.
- Qué beneficios debe esperar el cliente.
- Por qué te debe elegir a ti y no a tu competencia. Cuál es tu valor diferencial.

Veamos en 3 pasos cómo construir esa propuesta para transmitir nuestro valor apetecible, sugerente, cautivador... en fin, "sexy":

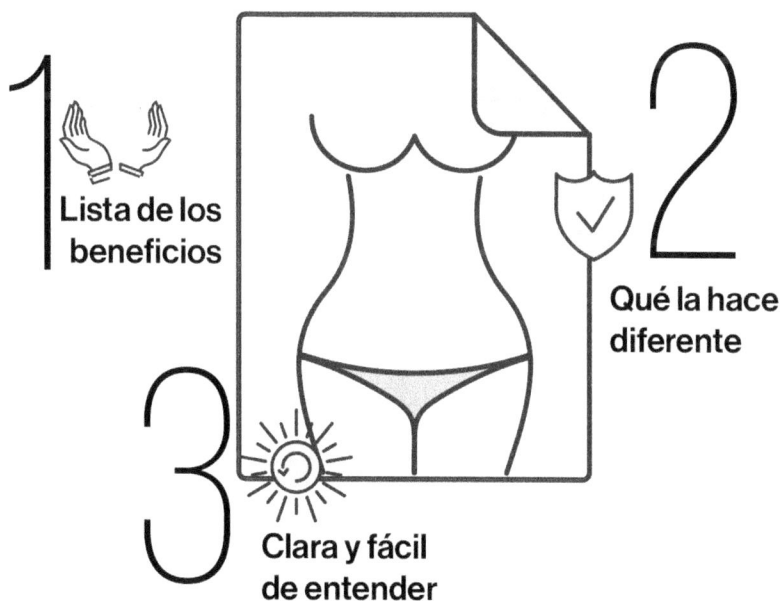

1 Lista de los beneficios

2 Qué la hace diferente

3 Clara y fácil de entender

1. Haz una lista de los beneficios y del valor que tu producto aporta a tus clientes. Algunas posibilidades son ahorro de costes, ahorro de tiempo al obtener el producto o servicio.

2. Qué hace diferente tu propuesta de negocio a la de la competencia, ya sea una gran experiencia tanto nacional como internacional, o el manejo de recursos tecnológicos de los que carece la competencia.

3. Debe ser clara y fácil de entender. En general, no valen tecnicismos ni un lenguaje enrevesado.

LA OFERTA DE VALOR NO ES SOLO OFRECER DESCUENTOS O FINANCIAMIENTO, SINO RESALTAR LAS VENTAJAS DIFERENCIADORAS.

MÁRCATE
Repasa los puntos clave

A estas alturas, ya debes tener en claro puntos básicos de tu producto y la propuesta de valor que lo acompaña. Siempre es bueno recordarlos porque las respuestas a estas cuestiones serán la insignia del producto nacido de tu Marca Personal:

- Nombre único de tu sistema.
- Dolor que aliviarás.
- Beneficios.
- Riesgos controlados.
- Oferta sexy.

Para lograr una propuesta de valor única toma en cuenta las siguientes recomendaciones:

Concéntrate solo en tu público, sin disgregarte

En mercadotecnia se hace muy patente aquello de "el que mucho abarca, poco aprieta". Debes concentrarte solo en el público que te interesa y en nadie más. En el caso de Jorge Luis, son las parejas que enfrentan problemas maritales por cuestión de dinero. A medida que vayas ganando reputación, por el boca a boca más las estrategias de promoción que te plantees posteriormente, sí podrías ampliar tu mercado. Pero para crear marca debes especializarte, mimar y resolverle la frustración a tu nicho.

Escucha a tu cliente y ponte en sus zapatos

Te lo he comentado varias veces y no me canso de repetirlo: una marca es poderosa porque sabe escuchar a sus consumidores y se pone en sus zapatos. Son ellos los que te dirán los puntos de mejora, que muchas veces no detectamos porque nos enamoramos de nuestro negocio (no del problema) y estamos convencidísimos de que nuestra propuesta de valor no tiene fisuras.

Por dónde cojea tu competidor

Detecta la cojera de tu competidor y ofrécele tú la muleta al cliente. Esto se llama inteligencia de mercado, a través de la cual recoges información sobre las insatisfacciones y pequeñas frustraciones que tiene el cliente de tu competencia –y tu prospecto- para llegar tú cual salvavidas con la oportuna solución o una mejor propuesta de valor. Esto lo puedes hacer a través de las redes sociales de la competencia, donde se hallan comentarios de clientes insatisfechos, verdaderas pepitas de oro para esta estrategia.

MÁRCATE
Descubre tu propuesta de valor

Anota las 5 ideas que crees podrían marcar la diferencia en el mercado donde aspires a incursionar, y discútelas con clientes potenciales. Son ellos el mejor termómetro para identificar la propuesta de valor única pues están conectados con la necesidad o el problema a resolver dentro de su nicho.

Responde estas preguntas poniéndote en los zapatos de tu posible cliente:

1) ¿Por qué debo comprarte a ti en lugar de alguien más?

2) ¿Qué puede hacer tu producto o servicio para mí a diferencia de otros productos parecidos?

3) ¿Qué me puedes garantizar que nadie más pueda garantizar?

6. PROMOCIÓN:
DEFINE TU FUNNEL DE VENTA

En marketing digital el embudo de ventas no es más que la trayectoria que hace tu buyer persona desde que se asoma a tu land page, blog u otra plataforma digital hasta que acepta efectivamente tu propuesta de valor y concreta la compra. De ti depende ganarte finalmente su fidelidad como cliente.

EL "DE TI DEPENDE" IMPLICA TODA UNA ESTRATEGIA DE GUÍA Y ORIENTACIÓN PARA LOGRAR QUE EL USUARIO QUE LLEGA A TU WEB VAYA POR **CAMINOS QUE SE ESTRECHEN HASTA CONVERTIRSE EN TU CLIENTE EFECTIVO**

Tu web es el equivalente a la parte superior del embudo, donde la mayoría puede disfrutar de tus contenidos, lo atractivo de tu página, pero no te termina de comprar. Tu trabajo es hacer que el mayor número de usuarios pasen por el camino que se va estrechando hasta materializar la venta.

Y lo haces a través de una identidad de marca bien plantada, con contenidos de valor, conectando con tu cliente, acercándote a él... pidiéndole información sobre su correo, por ejemplo. Esto no es difícil, puedes ofrecer un material privilegiado gratuitamente, bueno, casi gratuitamente: el pago sería que tu usuario llenase un formulario con su correo electrónico y algunas otras preguntas muy sencillas para no fastidiarlo.

A medida que vas ganando confianza, puedes recabar más información para detectar sus intereses, expectativas y proponerle tu propuesta de valor. El acercamiento, pese a ser parte de una estrategia muy bien pensada, debe darse naturalmente, respetando los tiempos de tu prospecto y escuchándolo en todo momento.

Para que lo entiendas mejor, vamos a esquematizarlo por fases que no puedes pasar por alto, más unas nociones iniciales de cómo comunicarte en cada etapa:

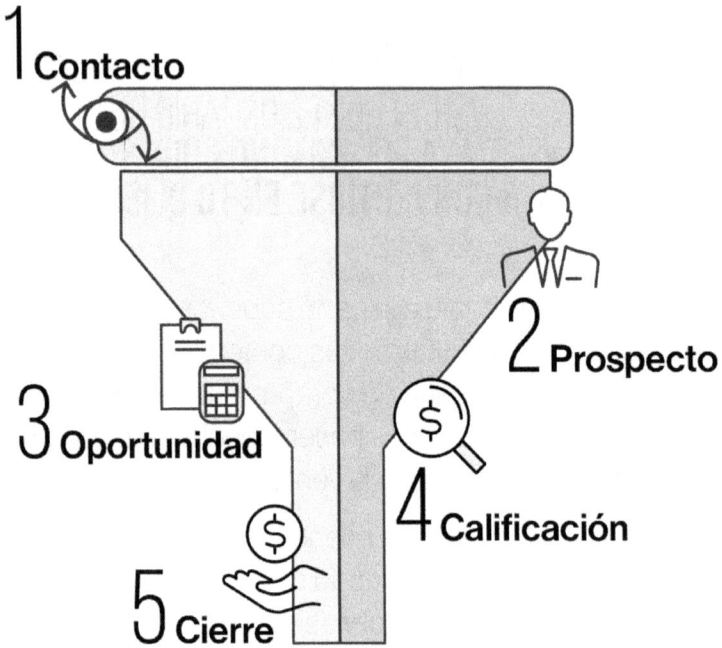

1. Contacto

El primer contacto se da a través de contenidos de valor, promociones en redes, cupones de descuentos, infoproductos a cambio de darte su correo, aceptación de boletines y de mailing y cuanta estrategia honesta y abierta te sirva para llamar la atención del cliente y que esté dispuesto a compartir sus datos.

En esta etapa, o entrada superior del embudo de ventas, el usuario es un completo desconocido que llega porque le llamó la atención tu página, porque se la recomendaron o porque el buscador de Google te llevó hacia él. Allí está tu trabajo de conquistarlo a través del contenido, de allí es que los contenidos sean los reyes indiscutibles del marketing digital en la actualidad.

En esta fase del camino debes encantarlo y orientarlo a fuerza de contenido de valor, como los siguientes:

- Videos cortos y explicativos sobre el problema que tu propuesta de valor plantea solucionar.

- Lecturas cortas y esquemáticas (claves, tips, decálogos, tops 10 de curiosidades sobre el problema o dolor). Es crucial aquí una estrategia de contenidos basada en las preguntas que pudiera estar haciéndose, sobre todo si ya estudiaste a tu buyer persona y te concentras en sus problemas.

- Galería de fotos.

WhatsApp business, un "socio" clave

La aplicación de mensajería de Facebook es la que mayor penetración tiene, y puede convertirse en un gran socio de tu negocio si lo sabes utilizar para tu provecho. ¿Cómo? Lo primero que debes hacer es crear una cuenta business, si aún no la tienes. Sin invadir, invita a tus contactos si desean integrar un grupo temático. O créalo y haz una invitación abierta desde tu estado. Creado ya, tendrás un formidable canal de comunicación con tu prospecto, por la cercanía que ofrece esa plataforma de mensajería

¿Que no tienes la cuenta business? Es muy fácil crearla, y las ventajas que ofrece con respecto a la personal se pierden de vista, sobre todo para quien está creando una Marca Personal. Te menciono sus funciones más prácticas:

- Te permite mostrar toda la información de tu empresa o marca, descripción breve de tu negocio, correo electrónico, web y dirección física.

- Puedes etiquetar a tus contactos para categorizarlos según tus criterios y necesidades comerciales, como prospectos, clientes, entregas pendientes, compras cerradas, proveedores, etc.

- Te permite crear un catálogo, que se genera en tu página de empresa de Facebook, ideal para promocionarlos desde esa plataforma, redes sociales y página web o blog.

- Te ofrece un enlace directo a tu empresa para facilitar el contacto de los nuevos clientes.

- Automatizar mensajes y respuestas rápidas, para nunca dejar desatendido a tus prospectos y clientes. próximo mensaje o interacción.

$2.$ Prospecto/Lead

Tras el contacto inicial, donde recabamos la información del usuario, bajamos hacia la segunda etapa, donde la idea es hacer de nuestro visitante un prospecto o lead. Aquí es cuando separamos el trigo de la paja, es decir, detectamos el usuario con perfil de cliente y concentramos toda la energía y esfuerzo en terminar de encantarlo. Es importantísimo acompañarlo, jamás forzarlo.

El trayecto lo determinas tú como marca, pero es el cliente el soberano de cada uno de sus pasos y es él quien decide la velocidad a la que quiere ir hacia el otro extremo del embudo, si es que llega hasta allá. Aquí se impone un respeto absoluto por sus decisiones, si es que no quieres que salga de tu página y no vuelva más.

En esta etapa de nuevo es clave mantener la estrategia ligera o de apertura de contenidos (audiovisuales, de textos cortos, etc.), alrededor de su dolor o problema. Apunta siempre, como te dije líneas atrás, al súper-problema y al cerebro reptiliano del usuario.

3. Oportunidad

Estamos ya a mitad del camino, un tramo nutritivo tanto para ti como para el prospecto o lead, pues ya el contenido de valor de las etapas anteriores ha hecho el trabajo de despertar el interés y la curiosidad sobre su problema o dolor, se siente más confiado y dispuesto a ahondar en su búsqueda de respuestas, para lo cual debes estar preparado. Hasta aquí le has mostrado las soluciones lo más honestamente posible, incluyendo opciones que tú no manejas. La idea es hacerle saber, aunque le hayamos envuelto con nuestra información, que es su decisión la que se impondrá y que no está siendo empujado ni obligado a una compra.

DEBES SER COMPLETAMENTE EMPÁTICO CON TU PROSPECTO O LEAD. PONERTE EN SU PIEL IMPLICA SABER QUE **LE ESTÁS DANDO LA MEJOR OPCIÓN**

Es el momento de la artillería pesada de contenido sobre el problema o su dolor, para espolear la búsqueda de respuestas y creciente valoración del producto o servicio que ofreces. Profundiza con infografías animadas con las que pueda interactuar el usuario, e-books, entradas más explicativas y detalles de tu blog, un programa de pódcast de al menos 3 episodios, webinar, guías digitales, u otros infoproductos.

Por supuesto, no lo usarás todo, detecta con cuál tu usuario esté mas a gusto y que tú tengas mejores herramientas para desarrollar.

4. Calificación

Este es el tramo donde profundizamos sobre el deseo de compra del usuario y qué es lo que quiere comprar específicamente y por qué. Un paso donde la información que se le solicita al cliente será vital para precisar lo que desea y la mejor manera de satisfacer su demanda.

Alternativas promocionales

- ADS de redes sociales
- Email Marketing

5. Cierre

Es el cierre del embudo, el lugar ideal donde el usuario ya está convencido de que tu producto o servicio son la solución a su problema o dolor. Está a un paso de la compra, por lo que ya puedes hablarle abiertamente de tu oferta de servicio o producto, extendiéndote en contenidos que demuestren los atributos de tu propuesta de valor para terminar de convencerlo. Apela a los siguientes contenidos y estrategias de venta:

- Historias donde otros clientes narren la satisfacción con tu propuesta de valor, que sirvan de "evangelistas" de tu marca.
- Ofrece cupones de descuento o tiquetes para futuros concursos, como usuario privilegiado.
- Videos tutoriales o infoproductos.
- Remite al usuario a un asesor de ventas para orientarlo y responder sus últimas dudas alrededor de la compra o el producto o servicio.
- Garantízale el servicio de posventa.

LA IDEA ES QUE QUEDE COMPLETAMENTE CONVENCIDO Y SATISFECHO. **TRAS SER UN CLIENTE, PODRÍA CONVERTIRSE EN EMBAJADOR DE LA MARCA.**

En este tramo del embudo es importante incluir en los contenidos finales un llamado a la acción que remita al usuario a un asesor de ventas para responderle dudas logísticas propias del cierre, así como los detalles que pueda albergar sobre el producto o servicio que está adquiriendo y la garantía de una atención posventa.

Una vez recorridos todos estos pasos, Jorge Luis puede asegurar que ha descubierto el propósito que lo hace único, ha identificado su talento, maneja los canales adecuados para difundir su identidad, y ha creado un producto que le garantice, además de una plenitud acorde a sus expectativas existenciales, la prosperidad financiera para proveer a los suyos no solo de lo necesario, sino de la calidad de vida que siempre ambicionó.

Al igual que él, tú también estás en un momento decisivo para reinventarte y explorar los casi infinitos beneficios que genera crear y desarrollar tu Marca Personal. En tus manos está la decisión de ser el protagonista de esta historia.

No te quedes encasillado, lamentando o comparándote con los demás pues con tus talentos y la disciplina necesaria para convertirlo en un producto rentable, te lo aseguro, puedes alcanzar lo que desees en este mundo. El mejor día fue ayer, ¡pero mejor que ayer es hoy!

La primera edición de
EXPERTO EN MÍ
fue impresa en 2021